SITUACIONES DIFÍCILES QUE ENFRENTAN LAS MUJERES

Tomo 1

GLORIA RICHARDS

Con

Carol Martínez

Publicado por HLM Producciones, S.A. de C.V.
Melquiades Alanís 5825, Alamos de S. Lorenzo, Cd. Juárez, Chih., Méx.
E-mail: hlm@vinonuevo.net

ISBN 1885630-43-3
                    Hecho en México

Contenido

Introducción

Si alguna vez has enfrentado situaciones difíciles – ya sea la muerte de un hijo, la desintegración de tu matrimonio, el divorcio de un hijo, el dolor de la infertilidad, haber experimentado el abuso sexual, la agonía de tener un hijo pródigo, la frustración de la impotencia sexual, la muerte de tu pareja, el adulterio de tu esposo, o cualquier otra situación que te ha causado dolor y sufrimiento – entonces este libro y el Tomo 2 son para ti.

Cuando estamos pasando por una experiencia terrible y traumática, tendemos a pensar que somos parte de un grupo pequeño que ha sido escogido para sufrir, mientras la mayoría de la gente vive feliz de la vida y despreocupada. Pero ¿sabes qué? ¡Todo el mundo en algún momento pasa por "el valle oscuro"!

Lo que hace la diferencia entre las personas es *cómo* enfrentan estos valles y cómo terminan: si en derrota o victoria. Las que terminan en victoria tienen dos características. Primero, se permiten experimentar la presencia de Dios, en vez de bloquearse, convencidas de que nada les reconfortará.

El salmista David dijo: "Aunque ande en valle de sombra de muerte, no temeré mal alguno porque tú estarás conmigo." Tú y yo podemos decir lo mismo: aunque pasemos por el valle más oscuro, ¡El estará con nosotras!

Una mujer que perdió su esposo después de una larga batalla con el cáncer, escribió: "A veces me sentía tan sola, como si nadie hubiera sufrido tanto como yo; entonces me di cuenta que Jesús mismo estaba caminando a mi lado, llorando juntamente conmigo y susurrando a mi oído cuánto me amaba."

Esta misma mujer dijo algo, con lo cual estoy de acuerdo: "He descubierto que es más frecuente que Dios nos revele Su amor, que darnos impresionantes demostraciones de Su poder."

La otra característica de las personas que pasan por estos tiempos y situaciones tan difíciles con victoria, es que toman la decisión de no vivir con los: "¿y qué si….?" "¿Qué si yo hubiera hecho esto o aquello diferente? ¿Qué si no hubiera hecho tal o cual?" En vez de hacer esta pregunta, ellos preguntan: "¿Qué sigue?" Es decir, siempre viven en el presente, planeando el futuro.

Hay una hermosa promesa en el Salmo 91 que dice: "Al que **habita** al abrigo del Altísimo, morará bajo la sombra del Omnipotente." Demasiadas personas solo **visitan** al abrigo del Altísimo, y sin embargo esperan morar bajo Su sombra.

Las tormentas vienen a cada vida, pero solo los que habitan al abrigo del Altísimo, solo los que han construido sobre el cimiento firme, – una relación verdadera con el Señor Jesucristo y no solo una religión – pueden sobrevivir los vientos de tribulación y dolor.

A través de este libro, ¡encontrarás respuestas divinas para salir victoriosa de estos vientos!

1

LOS BRAZOS VACIOS

"Oye, ya tienen tiempo de casados, ¿no piensan tener hijos?" ¡Cuántas veces nos hicieron esa pregunta familiares y amigos! Traía gran presión y dolor para mi marido Jorge y para mí", cuenta Betty Solórzano, una hermosa mujer de nuestra congregación.

Ella continúa su historia:

A veces, no era pregunta, sino un desafío abierto. Siendo que cuando me casé ya tenía 27 años, algunos abiertamente me decían: "Ya no eres una jovencita, ya no te estés cuidando, ¡piensa en que tienes que apurarte!"

¡Pero si tan solo supieran!

Me casé muy enamorada y como cualquier mujer joven, tenía la ilusión de tener hijos. Igual, mi esposo Jorge es un hombre que ama a los niños y yo sabía que él sería un excelente padre.

Como habíamos decidido casarnos y juntar dinero para nuestra casa antes de empezar la familia, al principio yo me cuidé a través de un método anticonceptivo.

Después de unos dos años y medio dejé de tomar las pastillas para poderme embarazar. Sin embargo, pasó el primer mes, el segundo mes, el cuarto mes y así sucesivamente, pero nada sucedía. Algunas personas comentaban que probablemente necesitaba desintoxicarme de las pastillas. Pero cuando seguimos sin resultados, acudimos con un médico ginecólogo altamente recomendado.

Lo primero que hizo fue someter a mi esposo a varios estudios. Nos explicó que los exámenes para los hombres eran mucho más sencillos y menos dolorosos, así que era mejor eliminar primero la posibilidad de que Jorge fuera el que tuviera el problema. En su caso, el resultado fue, hasta cierto punto, halagador. El médico le dijo: "Señor, usted puede ser usado como semental porque no tiene ningún problema." De modo que, ya sabíamos que el problema era yo.

Comenzó un tiempo de lucha

Así que, para mí, empezó el vía crucis de exámenes, estudios y todo el proceso para tratar de que yo quedara embarazada. Lo primero que me dijeron que tenía era "acidez vaginal", lo cual causaba que no podía llegar el espermatozoide a fecundar.

Pero a pesar de los muchos estudios y de muchos intentos para poderme embarazar, las cosas sólo empeoraron. Empecé a sufrir cambios en mi cuerpo, incluyendo reglas muy abundantes y otros problemas dolorosos. Las hemorragias eran tan fuertes que me tenían que internar para que me hicieran transfusiones de sangre y para hacerme legrados.

Mi diagnóstico fue una endometriosis y durante ese proceso de tratamiento, el médico me decía: "Yo entiendo el deseo tuyo de embarazarte" pero cada vez era más corto el tiempo entre los legrados.

Cuando el médico determinó que realmente yo tenía un problema serio, empezó también la lucha espiritual. Decíamos: "Bueno, Dios, estamos involucrados en nuestra congregación, tratando de servirte, y hay tanta gente que, aunque no quiere hijos, sí los tiene. ¿De qué se trata esto?" Así que, fue un tiempo de lucha mental y espiritual.

Definitivamente para las parejas que tienen problemas de fertilidad, la presión de la sociedad es muy fuerte. En todos lados se comenta, que para que una mujer sea completa y realizada, es necesario tener hijos. ¡Es un terrible y constante dolor!

El peor día de mi vida

En el año'88, ya casados ocho años, después de muchos procedimientos médicos, mi cuerpo estuvo físicamente muy deteriorado por las fuertes hemorragias. El sentirme mal era ya parte de mi vida, puesto que hubieron ocasiones en que llegué al hospital con 4.3 de hemoglobina (lo normal es entre 12-14). Ahora miro atrás y veo cómo Dios tenía mi vida en sus manos y realmente me salvó porque pude haber muerto en algún momento. Me guardó de problemas con transfusiones de sangre porque cada dos o tres meses estaba en el hospital con transfusiones.

No obstante, seguía con la esperanza de eventualmente componerme y tener un hijo. El peor día de mi vida fue en el año '88, cuando, después de una hemorragia que me tuvieron que llevar de emergencia, el médico habló claramente con mi esposo y conmigo. Nos dijo: "Entiendo su posición, he visto en el transcurso de estos años lo que se han esforzado por ser padres, pero mi recomendación es que ya no puede arriesgar su vida. Puede suceder el caso de que algún día no podamos parar la hemorragia. Recomiendo que le quitemos la matriz."

Realmente ese fue el momento más duro de mi vida porque significaba la muerte de toda esperanza, la muerte de un sueño. Recuerdo claramente que salimos del consultorio llorando y deshechos. Mi primer reacción en lo natural fue hablar con mi esposo y sinceramente decirle: "Yo sé lo que para ti representan los niños; si quieres nos divorciamos y tú puedes rehacer tu vida; no tienes la culpa de que yo no pueda tener hijos y puedes casarte con otra mujer que te los dé. Sé que tú vas a ser un padre excelente, y no te quiero robar esa oportunidad."

En verdad, estoy muy agradecida con Dios porque me ha dado un esposo maravilloso, pues en ese momento me dijo: "Mira, me casé contigo porque te amaba, te amo y te amaré toda mi vida. Nunca me casé pensando en cuántos hijos me ibas a dar. Hice un compromiso ante Dios de que te iba a amar hasta que la muerte nos separe. Cuando hice mis votos dije 'en la salud y en la enfermedad' y estamos enfermos los dos, no es que sólo tú no seas fértil, sino los dos. Mi decisión y el voto que hice contigo ante Dios lo renuevo en este momento ante ti, no me importa que no puedas tener hijos."

Eso fue un apoyo muy fuerte porque recuerdo también que el médico decía que yo era candidata número uno para ayuda siquiátrica, siendo que en ese tiempo tenía 35 años, y el hecho de que no pudiera tener hijos iba a ser un choque emocional fuerte. De hecho, muchas veces los matrimonios se divorcian, porque empiezan las culpabilidades.

Después de que nos dieron esta noticia, no pasó mucho tiempo para que me operaran, y me quitaran la matriz.

Después de eso empezamos a vivir otro tipo de presión. "Si ya no puedes tener hijos, adopta uno," nos decían. Vivimos situaciones muy dolorosas porque intentamos adoptar pero fuimos usados por gente malintencionada y quedamos todavía más lastimados. Finalmente, llegamos al punto de descartar la idea de adoptar.

La clave: un espíritu de agradecimiento

Aunque ha habido situaciones que aún me traen dolor, no es un dolor que desgasta o causa amargura, porque hemos encontrado fortaleza y consuelo en el Señor Jesucristo. Y en el proceso hemos encontrado que no soy incompleta por no haber tenido hijos. Lo hemos visto al paso de los años, porque pronto vamos a cumplir 24 años de matrimonio.

La clave para mi restauración ha sido un espíritu de agradecimiento con Dios, primeramente, agradecimiento de saber que Dios tiene un propósito para mi vida aun sin hijos. En segundo lugar, agradecimiento por tener un marido maravilloso, comprensivo y un hombre que ama a Dios sobre todas las cosas. El también ha entendido el propósito de Dios en nuestras vidas. A la vez, tengo agradecimiento porque podría estar muerta pero estoy viva. Todo esto ha hecho que aunque ha habido dolor en mi corazón, no haya amargura.

Una de las maneras en que Dios ha suplido nuestra necesidad emocional es que Jorge trabajó muchos años como maestro de adolescentes en la escuela dominical de nuestra congregación. Después trabajó en el cunero tres años y él se jacta de decir que ¡era el cambiador de pañales más veloz del cunero! Realmente él tiene mucha gracia para con los niños y ahora nos reímos y decimos que podemos "mal criar" a los hijos de nuestros amigos y nuestra familia y cuando lloran o nos cansan, los regresamos.

No tengo hijos naturales pero quizás este mismo hecho me ha dado la posibilidad de poder amar a muchos jóvenes, porque ellos nos buscan, especialmente los que tienen problemas y podemos amarlos incondicionalmente. Mucha gente me ha dicho que Dios me ha dado unos brazos de mamá y los puedo aplicar para los muchos hijos espirituales e "hijos adoptivos" que tengo, no solo en México, sino ahora hasta en China, donde el trabajo de Jorge nos ha llevado a vivir varios años. En verdad, eso suple una necesidad que está ahí, porque Dios, en su misericordia, nos permite ser completos y ser llenos.

Cuando los esposos no comparten el mismo dolor

Betty tuvo la bendición de tener un marido muy comprensivo que estuvo con ella en esta situación difícil desde el comienzo, pero no siempre es así. Frecuentemente, los maridos no sienten el mismo dolor.

Como el ser madre es algo que la mayoría de las mujeres ven esencial para su identidad femenina, los brazos vacíos pueden ser una carga muy pesada. En un estudio, 50% de las mujeres participantes indicaron que la infertilidad era la carga más difícil en la vida que tenían que soportar.

La esterilidad de largo plazo puede ser tan dolorosa para una mujer como la pérdida de un hijo. De hecho, la esterilidad es la muerte de un sueño – la muerte de un hijo que nunca fue.

Tal vez en ninguna parte este sentimiento es expresado como en las palabras de Raquel, la esposa de Jacob en el Antiguo Testamento: *"Cuando Raquel vio que ella no estaba dándole hijos a Jacob......ella le dijo, '¡Dame hijos o me muero!'"* (Gn. 30:1). ¡Eso es dolor!

Una ocasión de alegría para unas; una ocasión de tristeza para otras

Es domingo en la mañana y otro bebé está siendo dedicado en la iglesia donde asisten Raymundo y Susana. El pastor cuidadosamente toma al bebé en sus brazos y le recuerda a los padres alegres que su hermoso bebé es un regalo maravilloso de Dios. Todos en la congregación están tratando de captar un vistazo del niño. La mayoría de los asistentes están sonriendo y algunos tienen lágrimas en los ojos.

Susana también tiene lágrimas en sus ojos, pero no son lágrimas de gozo. Ella está llorando silenciosamente porque una vez más le son recordados de sus brazos vacíos. Susana ha estado enfrentando los retos de la esterilidad, y se siente muy sola.

De camino a casa, ella ya no llora silenciosamente. Primeramente despacio, y luego un río continuo de lágrimas comienzan a llenar sus ojos. Raymundo, que ha estado buscando en la radio para ver si los Vaqueros de Dallas ya empezaron a jugar, está confundido. ¡El simplemente no sabe qué hacer!

Detiene el auto, pone su mente en función de "computadora" y rápidamente repasa las razones posibles por el desmoronamiento de su esposa. ¿Se le habría olvidado que hoy es algún aniversario o una ocasión especial? ¿Hizo algo para molestarla? Frustrado, finalmente él pregunta en desesperación, "¿Por qué estás molesta? Dime, ¡porque no tengo la menor idea!"

Raymundo relata: "Personalmente, a mí me molestaba cuando Susana lloraba sobre nuestra esterilidad. Me frustraba tanto y yo respondía simplemente con palabras de "curitas" y con un beso rápido, queriendo así mejorar las cosas. "Sucederá," le aseguraba. "No te preocupes – aun somos jóvenes – siempre podemos intentarle de nuevo el próximo mes.

"Fueron años antes de que yo me diera cuenta que mis intentos de hacer que mi esposa se sintiera mejor eran tan malos como los intentos de Elcana en la Biblia para consolar a su esposa Ana (1 Sam. 1:1-18). Cuando Ana no podía concebir, su esposo trataba de hacerla sentir mejor diciendo, 'Ana, ¿por qué lloras? ¿Por qué no comes? ¿Por qué estás afligida de corazón? ¿No te soy yo mejor que diez hijos?'"

Lo que necesitan las que sufren de esterilidad
Si Elcana estuviera vivo hoy, la conversación sería algo así: "Por favor, Ana, no llores. Vamos a cenar esta tarde para que puedas despejar tu mente. El hablar de ello todo el tiempo te deprime. Necesitas ver el lado bueno de la vida. Después de todo, me tienes a mí, y somos felices juntos. ¡Sé agradecida por lo que tienes!"

Los esposos que tratan de hacer que sus esposas se sientan mejor a veces tienden a minimizar el dolor. Su motivo de animar a sus esposas, es noble, pero la estrategia deja heridas. Las mujeres que sufren de esterilidad no necesitan que alguien minimice su dolor, necesitan a alguien que *comprenda* su dolor.

Desafortunadamente, algunos amigos y hermanos de la iglesia cometen el mismo error que algunos esposos, con su deseo de animar a las Susana's y Betty's de este mundo.

"Oh, Susana," dicen, "¡cuenta tus bendiciones! Tienes un buen marido, una carrera maravillosa, buenos amigos. ¿Qué más quieres?" Un mejor comentario sería el decir: "Sé que estás atravesando un tiempo difícil. Estaré orando por ti."

Un reto para enfrentar en pareja

Tanto Jorge y Betty, como Raymundo y Susana, están entre una población grande y creciente de parejas casadas con problemas de esterilidad.

Debe ser enfatizado que la esterilidad es problema de la pareja. Sea que el origen médico del problema venga del esposo o la esposa – o ambos – no es problema de una esposa estéril o de un esposo estéril. ¡Es un reto que la pareja tiene que enfrentar unida!

Según las estadísticas, una de cada seis parejas trata con este asunto, de modo que cada persona que está leyendo este libro probablemente conoce a alguien que enfrenta la esterilidad. Para algunos, esa persona es su esposa. Para otros, es un miembro de la familia, compañero de trabajo o un amigo. En cualquier caso, si no somos cuidadosos, podemos echarle sal a la herida de una persona, ¡aunque no tenemos la menor idea de que estamos sosteniendo un salero en la mano!

Tu vida aún tiene propósito

En la historia de Ana del Antiguo Testamento, vemos que Dios contestó su clamor desesperado y le dio un hijo: Samuel. Conozco algunas "Anas" modernas que han recibido el milagro de la maternidad cuando parecía, en lo natural, que sería imposible.

En otros casos, mujeres como Betty y Susana, han tenido que enfrentar la realidad del dolor, los brazos vacíos y la muerte de su sueño. Sea que tú recibas un milagro o no, puedes enfrentar esta crisis, sabiendo que Dios tiene un propósito para tu vida y que El obrará todo para tu bien, según la promesa para los que le aman (Rom.8:28). ¡Tú puedes tener una vida plena y fructífera en El!

Oración sugerida

Gracias, Señor, porque estoy completa en ti, con o sin hijos. Tú dices que estemos siempre gozosos y que demos gracias por todo porque esta es la voluntad del Padre Celestial. Así que he decidido vivir gozosa y agradecida.

Como Pablo, declaro que he aprendido a contentarme en cualquiera que sea mi situación, porque "todo lo puedo en Cristo que me fortalece."

Lléname de tu sabiduría y dame tu corazón para cada ser humano en mi derredor que sienta dolor, abandono o rechazo. Permíteme dar abrazos de mamá, expresando Tu amor incondicional, a las muchas personas - jóvenes y ancianos - que tanto necesitan de ese amor.

2

"DIOS MÍO, ¿CÓMO VOY A SUPERAR LA MUERTE DE MI HIJO?"

"El jueves, 21 de septiembre del 2000, Alejandro Ortiz partió con el Señor. Este joven había sido capitán del equipo de futbol americano, campeón del estado en oratoria, un maestro dedicado en la escuela dominical, con una visión de servir al Señor tiempo completo. Pero lo más importante para mí, es que era mi hijo," dice Bertha Ortiz.

"Por un año y medio, había luchado con leucemia linfoblástica. Había pasado por varios tratamientos pesadísimos de quimioterapia; gracias a milagros financieros, había sido tratado por los mejores médicos en los mejores hospitales, aun recibiendo un transplante de médula ósea. Y había sido cubierto en oración. Nuestra congregación de varios miles de miembros, y sobre todo, el grupo de jóvenes, continuamente estuvieron a su lado, orando por él, animándolo y apoyando a la familia en todo. Experimentamos la paz y fortaleza del Señor.

"Alex nos preparó unos días antes de su partida, hablándonos que era el tiempo en que Dios le estaba llamando y él anhelaba estar en su presencia.

"Cuando llegamos del funeral a casa, con todos los sentimientos encontrados, en cierto sentido, el Señor me 'anestesió' en aquellos momentos que creía que iba a morir junto con mi hijo; sentí en carne propia lo que es la fortaleza y el consuelo de un Padre amoroso.

"Pero la semana siguiente fue durísima. Me enojé con el Señor, reclamándole por no haberme dejado a mi hijo y lloré hasta cansarme. Me sentía desilusionada y frustrada por no haber podido hacer más por él. *¿Por qué no escuchaste mis súplicas?* le reclamé...

"Finalmente, le pedí que me mostrara cómo vivir sin mi hijo y al mismo tiempo a aceptar Su voluntad, ya que Dios es soberano. A cuatro años de su partida, el Señor sigue restaurando nuestras vidas, sanado nuestros recuerdos y nuestras emociones."

Una de las experiencias más dolorosas

La muerte de un hijo es una de las experiencias más dolorosas por las que una madre, o un padre, puede pasar. Dios nos ha prestado a esta persona, que hemos cargado en nuestro vientre, a quien hemos criado ya sea por poco o mucho tiempo, hemos tenido grandes sueños para él, y luego… es arrebatado.

Zig Ziglar, un famoso motivador cristiano cuyo libro, *Vamos a la Cumbre,* ha sido un clásico internacional, dice de la muerte de su propia hija de 47 años, por una enfermedad pulmonar: "Lloré la muerte de algunos hermanos, lloré la muerte de mi mamá; y aunque nunca conocí a mi padre, lloré el nunca haberlo conocido. Pero ninguno de éstos se compara con el dolor que sentí ante la muerte de mi hija...."

Aunque la familia Ortiz luchó con su hijo por un tiempo prolongado, otros enfrentan el shock de una muerte repentina y totalmente inesperada. Tal fue el caso de mi amiga María Tepper, esposa de Elías Tepper, fundador de Betel, una organización que tiene casas de rehabilitación y congregaciones por toda Europa y otras partes del mundo, donde rescatan a los que han sido desahuciados por la sociedad.

Elías y sus cuatro hijos habían salido de viaje para pasar un fin de semana juntos, mientras María asistía a un retiro espiritual de mujeres. Esta familia misionera vivía en España, pero se encontraban temporalmente en los Estados Unidos.

Al llegar a una curva, de repente se escuchó un ruido cuando la camioneta salió del pavimento, causando que el vehículo se volteara y cayera en una zanja. Elías rápidamente revisó el estado de sus hijos y al principio pareció que todos estaban bien.

David, Jonatán y Pedro sólo estaban asustados, pero Timoteo había sido lanzado del carro, quedando tirado a la orilla de la carretera. Lo llevaron apresuradamente al hospital pero nunca volvió a la conciencia. Murió unos días antes de su décimo cumpleaños.

Una triple pesadilla

"Señora, lo hemos confirmado. Una de las víctimas sí, es su hijo."

"Ante las palabras del oficial, de repente, sentí como si todo el mundo se paralizara. Caí en shock, y sentí que todo retumbaba en mi cabeza. Por un momento, ¡no sabía dónde estaba!

"Por fin se había acabado la duda, pero también esa última 'tela de esperanza' que guardaba en mí."

Así me contó su historia Josefina García, una preciosa mujer de nuestra congregación. Ella tuvo que sufrir una triple pesadilla: El 1o. de diciembre del año 2003, su hijo Juan, de 27 años de edad, salió de su casa, y nunca más volvió. Como madre, ella inmediatamente sabía que algo estaba mal y las mujeres de su grupo en casa empezaron a orar por Juan y por ella.

Dice Josefina: "Comencé a buscarlo por todas partes: hospitales, la cárcel, puse oficios por todas las dependencias, fui a las casas de todos sus amigos. Pero pasaban las semanas y no sabía nada.

"Y luego, dos meses después, salieron las noticias que sacudieron a todo Cd. Juárez...y de hecho a todo México.

Descubrieron unas "narcofosas" en donde encontraron 14 cuerpos enterrados en el patio de varias casas particulares. Yo estuve atenta a toda la información, pero mi interés era mucho más profundo que el de la mayoría de la gente, porque tan pronto
que escuché, algo dentro de mí me decía que mi hijo era una de las víctimas. Los siguientes días fueron los más difíciles de toda mi vida.

"Primeramente, tuve que acudir a aquel lugar donde tenían los cuerpos, mostrando a las autoridades la fotografía de mi hijo. Por unas muelas de oro y pruebas de ADN, pudieron confirmar que uno de los cuerpos era el de Juan."

Aunado al dolor de Josefina, fue el hecho de saber que algunas de las autoridades estuvieron involucradas en este horroroso crimen, y también saber que para ser libre en su espíritu, ella tendría que perdonarlos.

Sin embargo, lo más difícil para ella era reconciliarse con el hecho que este hijo, a quien había llevado a la escuela dominical de niño, se había apartado del camino del Señor en busca del "dinero fácil", y por lo tanto, murió después de terribles torturas. No obstante, ella dice: "Algo que me ha sostenido es la confianza de que Juan, en los últimos días de su vida, estando ya en esa casa tan horrible, seguramente tuvo tiempo para recordar al Dios que conoció en su niñez, tuvo tiempo para arrepentirse de sus malos caminos y pedirle perdón.

"Perder a mi hijo de esta forma ha sido muy duro, pero el Señor me ha fortalecido. Declaro vez tras vez con mi boca: *Porque Dios no nos dio espíritu de cobardía sino de poder, de amor y de dominio propio,* (2 Tim. 1:7) porque lo que uno dice tiene poder.

"Además, Dios dice: *¿quién nos apartará del amor de Cristo? Ni hambre ni tribulación, ni angustia.* ¡Esta palabra ha sido mi fortaleza!"

Cada persona expresa su dolor de forma diferente

Todos reaccionamos diferente, según el temperamento, trasfondo y otros factores. Después de la muerte del pequeño Timoteo, María pasó rápidamente de la etapa de "shock" y negación a la etapa del enojo contra Dios y entró en un tiempo largo de depresión.

En vez de ser consolada por los cristianos en su derredor, en la mayoría de los casos, María fue herida por la falta de prudencia de otros. Ella comparte: "Durante las próximas semanas, empecé a recibir cartas de amigos que minimizaban la muerte de mi hijo o ni siquiera lo mencionaban. Lo peor de todo fueron las personas que querían darme una 'explicación' del porqué había sucedido: 'Jesús lo necesitaba en el cielo' o 'El Señor sabe lo que es mejor.' o 'Ahora su ministerio será más poderoso.' ¡Esos comentarios no trajeron ningún consuelo!

"Una persona me envió un casete con un mensaje que decía, 'pon a un lado tu dolor y solo alaba al Señor por tres horas continuas y te sentirás mejor'. Cuando alguien no sabe qué decir, que solo diga, 'Lo siento mucho' o 'Estoy orando por ti.'"

En su estado de depresión, María tuvo que regresar a España, donde no había amigos cercanos para consolarla ni ayudarla. Sin embargo, tenía una amiga íntima que había estado con ella durante el mes y a través de las cartas, María pudo abrir su corazón y expresar su enojo, su desilusión con Dios, y su dolor. Casi un año transcurrió antes de que ella empezara a salir del túnel de "oscuridad" y caminar en la luz. Y durante ese tiempo ella dice que lo único que trajo sanidad y consuelo a su corazón fue...el amor incondicional de los amigos que le dieron el derecho de llorar por su gran dolor.

"Me mostró mucha gracia, permitiéndome soltar todo mi enojo. Había muy poca gente con la cual me sentí segura, a la cual pude hablar de mi dolor, pero las pocas amigas con las cuales pude abrirme, me ayudaron enormemente. Mi amiga Melinda me escuchó siempre sin juzgarme. También había una mujer que pertenece al grupo Compassionate Friends (Amigos Compasivos), y hasta la fecha no la he conocido en persona, pero por teléfono y por muchas, muchas cartas, Dios la usó. El me mandó estas personas para que me escucharan, sin juzgarme, ni condenarme por lo que sentí. Esto trajo sanidad. A veces cuando me sentía enojada con Dios, El hacía algo bello, sobrenatural por mí, para asegurarme de Su amor. Su presencia fue real a pesar del enojo que sentía contra El.

"Había personas, como el buen Samaritano, que Dios puso en mi camino para consolarme. Una mañana una anciana española que vivía en el mismo barrio, llegó a la puerta, para decirme que ella también había perdido a un hijo. Sin una máscara religiosa, solo me abrazó y lloró juntamente conmigo."

Tuvo que aprender a confiar en el Señor otra vez

Al estar en Madrid hace algunos meses, tuve el privilegio de hablar con María personalmente y ya que han pasado varios años desde aquel día tan terrible, se nota que ella ahora está disfrutando del gozo y la paz del Señor. Le pregunté cómo había vencido el enojo contra Dios y la depresión.

Ella me contestó: "Durante el primer año después de su muerte, tuve que aprender a confiar en el Señor otra vez. Tuve que conocerle de una forma totalmente diferente. Antes siempre le había visto como mi Protector y el de mi familia. Ahora esto se había destruido, de modo que tuve que conocerle otra vez, no solo como mi Protector pero también como Alguien que permitió algo en mi vida que fue muy, muy doloroso.

"He tenido que luchar con el temor de que algo pudiera suceder a mis otros tres hijos. Probablemente cada madre tiene pensamientos de temor en ciertas etapas de la vida de sus hijos, pero tengo que pararme firme y creer que mientras están en la voluntad perfecta de Dios, puedo confiar que El les está cuidando."

Bertha Ortiz, por su parte, relata: "El Señor está llenando poco a poco el lugar que Alex dejó en mi corazón de mamá y en las vidas de mis hijos y mi esposo. Hubo momentos en que no entendimos porqué Dios permitió que pasáramos por todo esto, pero nos ha servido para compartir con padres en la misma situación, con hijos en tratamiento contra el cáncer o familias que han perdido a un hijo. Podemos hablarles del Señor, de Su amor y Su misericordia. También nos fortalece recordar cómo Alex les compartió a jóvenes en tratamiento y que recibieron al Señor. Como dice 2 Corintios 1:4: *El cual nos consuela en todas nuestras tribulaciones, para que podamos también nosotros consolar a los que están en cualquier tribulación, por medio de la consolación con que nosotros somos consolados por Dios.*"

Libertad de expresar dolor, enojo contra Dios

Una mujer necesita tener la libertad de compartir su dolor por una pérdida, sea la muerte de un hijo, el fracaso de un matrimonio, la preocupación por un hijo descarriado o la desilusión de una matriz estéril..., sin sentirse condenada por no ser "espiritual".

Job experimentó este dilema también. Cuando él perdió todo, incluyendo su salud, él concluyó que estaba siendo castigado – injustamente – por Dios. Y cuando expresó sus frustraciones y enojo con Dios por sus pérdidas, sus amigos lo reconfirmaron, diciéndole que Dios le estaba castigando por algún pecado oculto.

Cuando uno pierde un hijo, a menudo no solo se siente abandonado por Dios, sino también se siente condenado por la Iglesia, si no supera la etapa de tristeza y dolor rápidamente.

Para algunos, el mostrar tristeza es señal de incredulidad, así que la persona que está sufriendo tal pérdida se siente obligada a enterrar su enojo, temor y tiempos de llanto, o esconderlos tras una máscara espiritual.

"Tus hijos no son tuyos; son míos"

Hace poco estuvimos de visita en la casa de nuestros amigos, Ralph y Gretchen Mahoney, y estaba viendo en la pared fotografías de todos los hijos. Cuando llegué a cierta foto, Gretchen me dijo: "Esta era Angela, mi hijita que se murió a los cuatro años de edad." Entonces yo le comenté: "Probablemente requiere años para que una madre supere la muerte de un hijo," e inmediatamente ella me corrigió: "Una madre *jamás* supera la muerte de un hijo cien por ciento."

Entonces ella empezó a compartir conmigo lo que había aprendido a través de esta experiencia dolorosa hace muchos años. Su hijita se había enfermado una tarde, ella llamó al médico, el cual le dijo: "Tráemela en la mañana." Pero para el día siguiente, ¡la pequeña ya se estaba muriendo de meningitis espinal!

"Yo no conocía al Señor Jesucristo personalmente en aquel entonces, solo tenía una religión, pero a raíz de la muerte de Angela, empecé una búsqueda que terminó en lo más maravilloso de mi vida: conocerle a El. Claro que lloré mucho por un tiempo, diciéndole a Dios: '¿Por qué yo?' Pero finalmente, tuve que aceptar lo que no podía cambiar.

"Al empezar a leer las Escrituras y tener una vida de oración, el Señor comenzó a poner pensamientos en mi espíritu y una de las primeras cosas que me dijo fue: ¡Tus hijos no son tuyos; son míos! Solo te los he dado prestados por un tiempo, para cuidarlos. Otro pensamiento fue: ¡La vida no se mide por su duración, sino por su calidad!

"Una bendición que resultó de esta tragedia es que mi primer esposo (que ya murió) y yo reconocimos que la vida es demasiado corta para no realizar los sueños que hay en el corazón. Nosotros siempre habíamos soñado con una casa de huéspedes, así que vendimos nuestra casa en la ciudad y compramos un rancho, donde trabajábamos muy a gusto por muchos años, atendiendo a personas de todo el país. De modo que, Dios usó la muerte de mi hija para traer cambios positivos a nuestra vida."

Un tiempo de llorar; un tiempo de dejar de llorar.

Es importante que uno tenga tiempo de un "duelo sano", tiempo para descargar la angustia, enojo y tristeza. Sin embargo, llega un momento cuando es tiempo de decir: ¡Basta! y seguir adelante. Barbara Johnson, la conocida autora que se menciona en otro capítulo, perdió, no a uno, sino a dos hijos. Ella recomienda la siguiente "receta" para acelerar el proceso de sanidad.

"Consigue unos casetes (o CDs) de música, aprovecha un tiempo cuando estás sola en casa, desconecta el teléfono y pon el cronómetro en 30 minutos. Durante estos minutos, tírate a la cama y llora con todas tus fuerzas, ventilando todos tus sentimientos. Si estás enojada con Dios, exprésale tu enojo, El seguirá amándote igual. Pero deja que ese dolor salga a través de tus lágrimas. Haz lo mismo cada día, pero disminuye el tiempo del cronómetro un minuto cada día. Te aseguro que mucho antes de los treinta días, habrás vertido bastante tu copa de dolor."

El rey David tuvo que sufrir un doble dolor ante la muerte de su bebé recién nacido; sabía que su muerte era un castigo de Dios para él, por su pecado de adulterio. Por días, mientras el bebé oscilaba entre la vida y la muerte, él no comió nada, rogando a Dios que permitiera al niño vivir, pero no fue así. Finalmente murió.

Los amigos y siervos de David tenían temor de avisarle que se había muerto el niño, porque estaban seguros que se iba a angustiar más y continuaría sin comer. Pero ¡no! Después de que murió, David se levantó, se baño y comió. Cuando la gente, asombrada, le preguntó por qué, él contestó: *"Viviendo aún el niño, yo ayunaba y lloraba, diciendo: ¿Quién sabe si Dios tendrá compasión de mí y vivirá el niño? Mas ahora que ha muerto, ¿para qué he de ayunar? ¿Podré yo hacerle volver? Yo voy a él, mas él no volverá a mí".* 2 Sam.12: 22,23.

Su fuerte confianza en la vida después de la muerte, le dio la seguridad de que él, algún día, iría con su hijo. Y tú, que has perdido a un hijo, puedes vivir en esta misma confianza, si es que conoces a Jesús como tu Salvador.

"Bienaventurados los que lloran"

En las "Bienaventuranzas" de Mateo 5, Jesús estableció que el reconocimiento de nuestra necesidad o debilidad, es la base para recibir de Dios. El dijo: *"bienaventurados los que lloran, porque ellos serán consolados."* La palabra en griego para *consolar* es *parakaleo* que significa, "uno que se para al lado de". Es la misma palabra que Jesús usó para describir la venida del Espíritu Santo, o Consolador.

Lo único que uno tiene que hacer para recibir esta ayuda es pedírselo, es decir, revelar su necesidad. Cuando una mujer confiesa al Señor la profundidad de su tristeza y dolor, ella puede experimentar el consuelo del Espíritu Santo.

Pablo escribió: *"Gozaos con los que se gozan; llorad con los que lloran"* (Rom. 12:15). En nuestras relaciones y en nuestras iglesias tenemos que proveer este ambiente de seguridad y de amor incondicional. Fue esta clase de ambiente que María Tepper buscaba y no encontraba...con unas pocas excepciones. Sus amigos creyentes, o pasaron por alto su dolor, o requirieron que lo superara lo antes posible, o que ella encontrara un porqué detrás de la tragedia.

Como los amigos de Job, muchos en la Iglesia de hoy tienen temor de reconocer que existe sufrimiento en esta vida que no se puede explicar. ¿Por qué se murió Timoteo Tepper – y los otros hijos de mujeres que aman a Dios? ¡Nadie lo sabe!

Pero el Señor está ahí y llora juntamente contigo -como lloró con la familia de Lázaro. (Jn. 11:36). El no te juzga sino ¡quiere abrazarte y amarte! Y también quiere ayudarte a salir del hoyo.

¿Necesitas perdonar a alguien?

En ocasiones, una mujer se ve obligada a perdonar a alguien, que de alguna manera, tuviera culpa en la muerte de su ser amado. Josefina García tuvo que perdonar, no solo a los asesinos, narcotraficantes, sino lo que fue más difícil: a las mismas autoridades civiles que estaban involucradas.

Gretchen Mahoney dice que tuvo que perdonar al médico que esperó hasta el siguiente día para ver a su hijita, cuando ya era demasiado tarde. He leído el testimonio impactante del evangelista puertorriqueño, Yiye Avila, cuyo yerno mató a su hija. Avila fue a la prisión para decirle a este hombre que le perdonaba por el homicidio de su preciosa hija.

Y muchas madres cuentan que tuvieron que perdonarse a sí mismas por no haber podido hacer más..

Canalizar su dolor

Algunas madres han experimentado que ayuda a sanar la herida del terrible dolor, el enfocar su enojo en algo constructivo, especialmente cuando la muerte de su ser amado fue provocada por alguien como un chofer intoxicado. Así fue el caso de Cindy Lightner, una mujer en el estado de California.

Cuando Cindy sufrió la pérdida trágica de su hijo en un choque automovilístico, causado por un conductor intoxicado, ella canalizó su enojo y empezó una campaña en contra de los choferes intoxicados. Gracias a sus esfuerzos, ahora existe una organización en los Estados Unidos llamada MADD (significa Madres en Contra de Conductores Borrachos) que consiste de docenas de miles de personas, inclusive políticos, que han logrado leyes más fuertes en muchos de los estados con castigos más severos, para los culpables de beber y manejar a la vez. Con estas leyes, muchas personas inocentes están siendo salvadas de accidentes automovilísticos.

Otra madre, Barbara Taylor, ayudó en abrir uno de los grupos de MADD en el suroeste del estado de Missouri. Ella dice: "He encontrado que los cristianos podemos hacer la diferencia y traer esperanza a las multitudes de personas cuando nos involucramos en tales organizaciones. La muerte de mi hija revolucionó la manera en que ahora veo al mundo."

Cómo salir adelante

Steve Arterburn, un reconocido sicólogo y consejero cristiano, da las siguientes sugerencias para hacer un "duelo sano":

1. Manténte "conectado" con alguien: encuentra a un amigo, pastor o consejero con quien puedas expresarte libremente, a

quien puedas llamar a cualquier hora, durante el tiempo más difícil. Di lo que está en tu mente y corazón. Con el tiempo, tú tendrás la oportunidad de escuchar a otros, y ser de bendición para ellos.

2. No tengas miedo de decirle a las personas lo que te ayuda y lo que no. Por ejemplo, si necesitas más tiempo a solas, o ayuda con tareas, o simplemente un abrazo, dícelo.

3. Escribe tus pensamientos, sentimientos y oraciones. Sé tan honesta como puedas. Al paso del tiempo, revisa tus escritos y toma nota de cuánto estás cambiando y creciendo.

4. Este no es el tiempo de aislarte, sino cuando más necesitas estar participando en una congregación de personas amorosas. Investiga si hay otras personas que asisten que han perdido un hijo, para que sean de apoyo mutuo.

5. Date permiso de cambiar algunas cosas; no es sano que la recámara del hijo quede igual como un "memorial" eterno. Regala algunas de las cosas que jamás se volverán a usar. Esto no significa quitar todas las evidencias del que murió, pero el preservar un "altar" a tu ser querido puede impedir en el proceso de sanidad.

6. Date permiso de reírte y llorar. Algunas veces, algo gracioso te ocurrirá y cuando esto ocurra, siéntete en libertad de reírte. No estarás deshonrando la memoria de tu ser amado. Por otro lado, el llorar es una parte natural del duelo. Si sientes ganas de llorar, entonces llora.

7. Haz algo por otros. Sal de tus propios problemas de vez en cuando para dedicar tiempo a otros. Enfocarte en otros, ayudará que evites las trampas de autolástima e ira.

Oración Sugerida

Padre Santo, derrama tu bálsamo de aceite sobre mi corazón adolorido, sana mis heridas y conforta mi alma. Toda mi ansiedad la echo sobre ti, confiando en que Tú tendrás cuidado de mí. Reconozco mi enojo, frustración y desilusión. Ayúdame a superar estos sentimientos, toma control de mis emociones y perdóname por culparte de esta situación.

Te agradezco por el tiempo que me confiaste a mi hijo(a). Confío que tu paz, que sobrepasa todo entendimiento, guardará mi corazón y mis pensamientos en ti, trayendo fortaleza. Llena con tu presencia este vacío que él (ella) dejó.

"No se turbe vuestro corazón, creed en Dios, creed también en mí. En la casa de mi padre muchas moradas hay; si así no fuera, yo os lo hubiera dicho; voy pues, a preparar lugar para vosotros. Y si me fuere y os preparare lugar, vendré otra vez y os tomaré a mi mismo, para que donde yo estoy, vosotros también estéis". Juan 14:1-3

3

CUANDO LOS HIJOS NOS DESILUSIONAN

¡Se ven tan pequeños e indefensos cuando nacen! Después de nueve meses de malestares y varias horas de dolores de parto, la mayoría de las madres nos gozamos grandemente cuando por fin, se nos entrega en nuestros brazos, una adorable criaturita, lo que es literalmente "carne de nuestra carne".

Seguramente, lo amamos desde el momento que sabíamos que lo teníamos en nuestro vientre, pero al poner su boquita, contra nuestro pecho, al sentir cómo su manita aprieta nuestro dedo cuando se lo colocamos, al acariciar su suave pelo, y escuchar sus latidos de corazón contra los nuestros.... el amor se ensancha. Por los siguientes años, con muchos errores, por supuesto, les damos lo mejor que podemos, y tal parece que el amor es mutuo, hasta que...

Ese "hasta que..." encierra muchas cosas. En la etapa de adolescencia, son pocos los jovencitos que no se rebelan de alguna manera u otra, para demostrar quienes son. Pero con amor, sabiduría, mucha oración y una mano firme, en la mayoría de los casos, tarde o temprano, la crisis se supera.

Pero, ¿qué de los casos cuando nuestros hijos caen en pecado o en problemas tan graves que jamás nos imaginamos? ¿Qué entonces?

"Soy de una secta satánica"

Una madre que llamaremos Alba comparte su experiencia aterradora con su hija de 16 años:

Yo apenas tenía unos seis meses de conocer a Cristo, y estaba muy preocupada por la condición espiritual de mi familia. Ante mi insistencia en que mi esposo e hijos me acompañaran a la iglesia, por fin él me dijo: "Está bien, yo llevo a los muchachos a la iglesia, pero a la mía."

Pero después de ir esa primera vez, él me dijo muy consternado: "Tenemos un serio problema. Cuando llegamos a la iglesia, Anita, (nuestra hija) me dijo: 'No puedo entrar, soy de una secta satánica, hice un pacto y no puedo entrar a ninguna iglesia donde se habla de Jesús.'"

¡Al oír estas terribles palabras, me entró un escalofrío! Me había dado cuenta de ciertos cambios en el carácter de Anita; se había vuelto muy agresiva, a veces hasta violenta, y ya no me quería dar la mirada. ¡Pero jamás me imaginé que algo así fuera el motivo!

Nos dimos cuenta que habían sido los mismos compañeros de su preparatoria quienes la habían involucrado. Cuando no había horas de clase, se iban a salones solos donde la cabecilla del grupo los involucraba en ritos satánicos, jugaban con la ouija, y ella hasta había hecho un pacto de sangre. Además, ella estaba bajo amenaza de que si hablaba de esto a otros, ¡su vida corría peligro!

——————— ——————— ———————

"¡Te prefiero muerto que homosexual!"

Barbara Johnson es una madre que ha sufrido como pocas. Primero tuvo que enfrentar la muerte de dos de sus hijos, uno, en la Guerra de Vietnam y otro, en un accidente automovilístico. Sin embargo, ella cuenta que fue el siguiente golpe lo que casi la destruyó.

Un día, mientras buscaba algo en la recámara de su hijo, Larry, un joven que se había graduado de la universidad con honores y estaba muy involucrado en la iglesia, Bárbara descubrió revistas enfocadas a homosexuales. Al confrontar a su hijo, él confesó que sí era homosexual. Casi atontada por las noticias, ella le gritó: "¡Te prefiero muerto que homosexual!"

Después de una serie de escenas desagradables, Larry se salió de la casa para no volver, ni siquiera para llamar a casa ¡por 11 años! Dice Bárbara: "Los cristianos creen que estas cosas no les pueden suceder, pero yo soy testigo de que sí suceden".

"¡Estoy embarazada!"

"Mamá, estoy embarazada". ¡Leticia jamás esperaba oír estas palabras de boca de su hija de 16 años de edad! Tenía ganas de gritar, llorar y salir corriendo...todo a la vez. ¿Qué iba a suceder con su hija? ¿Con su familia? ¿Con el niño que venía en camino?

Después de que pasó el shock, empezaron a hablar de si se casaba con el papá o no. A Leticia nunca le cayó bien este muchacho que su hija estaba viendo, pero Lorena siempre había sido una muchacha de voluntad fuerte, desafiando la autoridad de su mamá, una mujer sola. Cuando el muchacho quería seguir teniendo relaciones sexuales con Lorena, la madre dio un ultimátum: ¡O se casan o que él se largue!

Así que, se casaron pero no duró el matrimonio, puesto que ni el uno ni el otro eran lo suficientemente maduros para aceptar las responsabilidades.

Lorena está criando su niño sola...en casa de su mamá.

¿Cómo pudiste fallarnos? ¿Dónde fallé yo?

Por lo general, estas dos preguntas siempre surgen cuando los hijos nos desilusionan: Un sentir de que nuestros hijos "nos pagaron mal", pero por el otro lado, la terrible pregunta: ¿qué hicimos mal?

Aquí sólo hemos presentado tres casos de desilusión con los hijos, pero hay muchos más. ¿Qué de cuando un hijo está en drogas? ¿O está acusado de quebrantar la ley? ¿O simplemente está en un plan tan rebelde, que es difícil de manejar?

En su libro *Esperanza para los padres decepcionados*,

Guy Greenfield menciona una gama de emociones que puede sentir un padre cuando un hijo falla:

Primero, están el *enojo y resentimiento*: "¿Cómo pudiste hacernos esto?" Los padres "castigan" a sus hijos con su enojo, recordándoles continuamente el daño que les han hecho, y cortando la comunicación con ellos.

La hija de Adriana, una madre divorciada que se había sacrificado mucho por sus hijos, le dijo que tan pronto cumpliera 18 años, se iba a casar con su novio, un joven flojo, sin aspiraciones para estudiar, que no compartía su fe, ni sus valores. Adriana le gritó: "¡No puedo creer que vayas a arrojar tu vida a la basura por tal estupidez! Después de todo lo que me he sacrificado por ti… ¡esta es la manera en que me agradeces! La próxima vez que quieras arruinar tu vida, ¿por qué mejor no te arrojas por la ventana? ¡Porque eso es exactamente lo que estás haciendo!"

Vergüenza: "¿Qué pensarán los demás de mí? ¿De mi funcionamiento como padre? ¿De mi hijo?" Entre padres cristianos, esta emoción comúnmente aflora, porque uno quiere ser visto delante de los demás de su iglesia como un padre excelente, con hijos excelentes.

Lástima de sí mismo y sufrimiento: "Quiero llorar" o "Prefiero la muerte antes que *esto.*" Tal actitud puede traer una severa depresión.

Cuando uno compara a su hijo con los hijos de los vecinos, familiares o amigos que "salieron bien", se pueden intensificar los sentimientos negativos, aunado también a los celos.

Dolor: "¿Cómo pudiste herirnos tanto?" Es un sentimiento de rechazo, de que su hijo no la quiso lo suficiente, no valoró suficiente su amor y esfuerzo, como para evitar caer en pecado.

Miedo: "Tengo miedo de lo que será de ti. ¿Vivirás las consecuencias el resto de tu vida? ¿Cómo afectará mi propia vida?"

Culpa: "De alguna manera yo tengo la culpa". "Soy un fracaso como padre".

Ante una crisis, la lluvia de emociones negativas suele ocurrir; pero depende de nosotras como madres decidir superar nuestra propia crisis emocional. Podemos elegir las emociones que queremos que nos dominen, y decidir qué acciones tomar.

Reconociendo y enmendando las fallas personales

Alba, cuya hija se había metido en una secta satánica, continúa su historia:

"¡Tenemos que hacer algo urgentemente!" me decía mi esposo, preocupado por nuestra hija Anita. Sin titubear, le contesté: "¡Vamos a buscar a uno de los pastores de la iglesia! Allí nos dirán qué hacer". Mi esposo no se resistió. El nunca había creído en que de verdad existía el diablo y en el poder de las tinieblas… ¡pero ahora sí!

En la congregación, uno de los pastores nos contactó con un grupo de jóvenes, para que ellos fueran personalmente con nuestra hija para hablarle. Por supuesto que al principio, ella no quería tener nada que ver con ellos.

A la vez, mi esposo Gabriel y yo comenzamos a experimentar ataques del enemigo en cuanto a nuestro matrimonio, recordándonos nuestro pasado y cargándonos con un sentido de culpa. Habíamos concebido a Anita fuera del matrimonio, y mi intención original había sido encubrir mi pecado y abortarla. En lugar de eso, nos casamos, pero mi hija nació con la herida del rechazo, y la verdad es que yo no le mostraba mi amor. Gabriel percibía que el diablo le decía: "Recuerda que tú no la querías. ¡Ella ahora es mía!"

Cuando me compartió esto, le dije: "¡Vamos a clamar y a orar!" Además, el grupo de oración y estudio bíblico donde yo asistía, se unió conmigo en hacer guerra espiritual y clamar la sangre de Jesús sobre la vida de Anita.

Fue solo el comienzo de un proceso. Mi maestra me enseñó que para que ella fuera sanada del espíritu de rechazo, yo necesitaba pedirle perdón y comenzar a abrazarla. Así lo hice, demostrándole cuánto le amaba. ¡Comenzó una nueva relación de madre e hija entre nosotras!

Hacer guerra espiritual

Los compañeros de Anita en la secta satánica la habían amenazado de muerte si trataba de salirse del grupo, y ella tenía verdadero temor. Dice Alba: "El Señor me reveló que los temores de mi hija tenían fundamento, que su vida sí corría peligro. Intensificamos la intercesión y el ayuno, rogando por protección y cubriéndola con la sangre de Cristo y las amenazas se disiparon.

"Dios contestó nuestras oraciones y por fin, Anita permitió que el grupo de jóvenes orara por ella. Allí mismo recibió al Señor Jesucristo como su Salvador y renunció y canceló todo pacto hecho con el maligno. Ese fue el primer paso para que ella fuera libre, pero la victoria total fue un proceso largo. Por meses, ella siguió experimentando manifestaciones terribles del maligno, inclusive varias veces amaneció con rasguños en todo su cuerpo. La diferencia era que ya, ella misma quería luchar contra el enemigo. Tanto Anita, como su padre y yo nos metimos a orar y ayunar. Finalmente, después de casi un año, ella obtuvo su libertad total de la opresión del enemigo."

¿Fui demasiado permisiva?

Leticia, la madre que tuvo que enfrentar el embarazo de su hija de 16 años, tuvo que enfrentar otra realidad: Aunque finalmente, su hija y su novio eran responsables ante Dios por la decisión pecaminosa que habían tomado, ella tuvo que reconocer que había sido demasiado permisiva con su hija. Había confiado tanto en ella, que muchas noches le permitió llegar tarde, sin hacer exigencias, ni pedir que rindiera cuentas. ¡Prácticamente le había dado el plato servido!

Hay otras circunstancias adversas en que los hijos son más propensos al pecado; por ejemplo, las estadísticas muestran que una chica que ha sido criada sin un padre (o tuvo un padre que no le demostraba afecto) es mucho más propensa a caer en pecado sexual, en su búsqueda de los abrazos de un hombre.

Otros factores que afectan a los hijos es cuando los padres vivieron en pecado sexual antes de casarse y que el hijo fue concebido fuera del matrimonio. ¡Es tan importante que una madre sepa cómo romper estas maldiciones en las vidas de los suyos!

Otro factor que debe ser obvio: si la mamá, quien está orando por su hijo(a) pródigo, está llena de rebeldía, sea directamente en contra de Dios o sea en contra de su esposo u otra autoridad en su vida, sus oraciones tendrán estorbo.

La herencia espiritual de nuestros hijos

Muchos de nosotros somos cristianos de primera generación. Nos convertimos a Cristo, nos arrepentimos de nuestros pecados, y por ser El nuestro primer amor, dejamos el pecado atrás.

Pero para algunas personas no es tan sencillo. La Palabra de Dios dice varias veces que Dios *"visita la maldad de los padres sobre los hijos hasta la tercera y cuarta generación"*. (Ex. 20:4-6; Deut. 5:9).

¿Esto qué quiere decir? Aunque el hijo no es responsable por los pecados de su padre, a menudo los hijos y la descendencia sucesiva siguen sufriendo las consecuencias de los pecados de sus antepasados, especialmente los pecados del ocultismo, la idolatría y la perversión sexual. Y como resultado, algunos batallan con ataduras, sean adicciones, pecados sexuales u otras cosas, hasta que ellos mismos cancelen la maldición...o los padres lo hagan si es un joven. ¡En Cristo tenemos esa autoridad! Podemos orar como Daniel, cuando confesó los pecados de sus padres y se arrepintió de ellos, aunque él personalmente no los había cometido. (Dan. 9:3-6).

Hijos adoptivos

Conozco a varias familias que adoptaron hijos y fue una experiencia maravillosa. A la vez, escuchamos historias tristes de hijos adoptivos que, aunque reciben mucho amor por su familia adoptiva, sin embargo, se manifiestan espíritus que heredaron de sus padres naturales.

Por ejemplo, tenemos unos amigos que adoptaron una niña cuando era apenas bebé. Son padres excelentes que han enseñado valores a todos sus hijos. No obstante, la niña desde los seis o siete años de edad ha mostrado interés insano en asuntos de índole sexual. Cuando nos pidieron ayuda a mi esposo y a mí, preguntamos sobre la vida de la madre natural y no nos sorprendió saber que ella es prostituta. Les instruimos en la necesidad de romper maldiciones generacionales.

Anteriormente, en algunos países, cuando un hijo era adoptado, su pasado quedaba totalmente sellado por la ley y el adoptado no tenía derecho a descubrir quién era su madre natural – para guardar la privacidad de la mujer. Pero esto ha ido cambiando, tanto por la necesidad emocional de las personas de saber "de dónde provienen", como también por la necesidad de conocer la historia médica de sus antepasados. Por muy importantes que sean estos factores, es aun más crucial descubrir la "historia" espiritual.

Por otro lado, prácticamente todo hijo adoptivo llevará un espíritu de rechazo y si los padres adoptivos no saben cómo romperlo, puede causar serios problemas en la familia. Tristemente, en ocasiones aumenta este espíritu cuando los padres adoptivos no saben cómo comunicar amor incondicional, o cuando tienen también hijos naturales y hacen distinción.

¿Qué hacer?

1. Conoce la herencia espiritual de tus hijos – cancela maldiciones.

2. No lo tomes personalmente si tu hijo te rechaza. Entiende que es una consecuencia de su propio sentido de rechazo. ¡Nunca engañes a tu hijo, diciéndole que es tu propio hijo, solo para que, años después, algún familiar imprudente le revele la verdad! El shock emocional será muy severo. Ora en cuanto a este espíritu de rechazo.

3. Declara bendición sobre tu hijo.

Sanar relaciones

Bárbara Johnson, después de confrontar a su hijo Larry sobre su homosexualismo, cayó en depresión y hasta intentó el suicidio. Pero en su desesperación, clamó al Señor: "Dios, haz lo que tú quieras en mi vida. Si tan sólo levantas esta carga, yo te serviré." Y ella dice que casi instantáneamente la carga se levantó, aunque ella no sabía dónde estaba su hijo, ni sabía que tendría que esperar largos años antes de que él volviera a casa.

Sin embargo, ella tenía la certeza de que Dios estaba escuchando sus oraciones y que trataría con su hijo. Ella aprendió que hay un tiempo de luchar y clamar y hay un tiempo de descansar en la obra de Dios. La historia tiene un final feliz porque después de once largos años Larry volvió, habiendo sido transformado por Jesús. Y les pidió perdón a sus padres.

Lo que hace la historia de Barbara Johnson tan especial, es lo que ella hizo durante los once años que no sabía nada de su hijo. Después de entregar su carga al Señor, empezar a orar por su hijo y pedir perdón por sus palabras tan hirientes, ella empezó a buscar a otros padres de hijos homosexuales. Y ¿cuál fue su mensaje a estos padres desilusionados? ¡Amar incondicionalmente a cada hijo, aunque no pueda aprobar su estilo de vida! A través de los años, el ministerio de Barbara ha crecido tanto que ahora más de 100,000 personas reciben su boletín que contiene consejos prácticos para padres con hijos descarriados. No solo está consolando y enseñando a multitudes por medio del boletín trimestral, también es una conferencista internacional y sus muchos libros han sido traducidos a varios idiomas.

Cuando Barbara empezó a sembrar en la vida de otras personas, Dios obró de tal manera que finalmente, ella también cosechó. ¡Y lo mismo puede suceder en tu vida! Si tu hijo está tan distanciado de ti (ya sea física y/o emocionalmente) que lo único que puedes hacer por él es orar, empieza también a sembrar en la vida de otros jóvenes, ¡confiando en el Señor y en la ley de sembrar y cosechar!

¿Qué tan firme debe ser el amor?

Hay diferencia de opiniones en cuanto a cómo manejar cada situación. La realidad es que lo que funciona en un caso puede ser la destrucción de otro. Muchos factores influyen: la raíz de la rebelión, la edad y el carácter de la persona, la naturaleza del pecado, el ambiente, etc.

"El amor debe ser firme" es algo que frecuentemente

escuchamos… y es cierto que a veces uno tiene que tomar medidas drásticas. Sin embargo…. recuerde que "una sola talla no le queda a todos".

Por ejemplo, ¡ninguna madre debe asumir que es su responsabilidad seguir atendiendo en casa a un hijo de veinticinco años que es borracho, drogadicto y holgazán! Pero, ¿qué hacer cuando la policía llama para avisar que su hijo de dieciseis años, está detenido porque manejaba ebrio y ha chocado el automóvil? ¿Deberá dejarlo en la cárcel un par de noches, aunque implique estar entre hombres endurecidos, abusadores y violentos... o pagar la fianza?

¿Qué de la hija que continuamente llega tarde en la noche y que sabes que está con el novio que ustedes le han prohibido? ¿En qué momento debe haber un ultimátum?

Otro factor para tomar en cuenta al disciplinar es el origen de la rebelión. Una disciplina firme puede ser la única solución para un hijo de carácter duro y voluntarioso. Pero si la raíz de la rebelión es un sentimiento de rechazo por parte de sus padres… ¿qué tal si la disciplina le provoca al hijo alejarse para siempre en vez de ganarlo? ¡Cómo necesitamos la sabiduría de Dios con nuestros hijos!

Padres valientes

Hace varios años ocurrió una tragedia en una escuela preparatoria en Littleton, Colorado, en los Estados Unidos. Sucedió lo inconcebible: algunos de los alumnos entraron a varias aulas y la biblioteca y con rifles automáticos, aterrorizaron y luego mataron a 13 de sus compañeros. Estaban involucrados en una secta satánica y su odio hacia los cristianos se desbordaba. Lo curioso es que antes de matar a los chicos, a varios les preguntaron si creían en Dios y en Jesús. Una de las muchachas que prefirió morir antes de negar su fe en Dios fue Cassie Bernal.

Hay una historia sumamente interesante acerca de esta chica que obviamente no salió en los periódicos. Cuando ella tenía 15 años de edad (unos dos años antes) sus padres notaron cambios negativos en su comportamiento y al investigar, encontraron que se había involucrado en prácticas de ocultismo. Cuando no respondió a las advertencias de sus padres, ellos tomaron medidas drásticas.

Para empezar, la cambiaron de escuela; luego prácticamente la tuvieron "secuestrada" en su casa. Se le prohibió salir, excepto para ir a la escuela y acompañarles a la iglesia. De mala gana, en el verano, ella aceptó asistir a un campamento cristiano para jóvenes. Seguramente, los padres estaban orando, clamando y aun ayunando por su hija rebelde. Y en el campamento ocurrió el milagro: ella se arrepintió de su rebelión y entregó su vida al Señor. Aquel día inolvidable de la matanza, cuando Cassie – en cuestión de segundos - tuvo que tomar la decisión de negar a Cristo o perder la vida, su fe le sostuvo.

Para mí, una de las cosas que sobresale es la valentía de los padres de esta chica. ¡Que ejemplo de amor firme! Algunos tal vez les acusen de ser demasiado radicales y fanáticos en cuanto a la disciplina de su hija pródiga. Pero por su firmeza y medidas drásticas, vieron a su hija transformada en una señorita que glorificó al Señor durante el último año de su vida y aún más en su muerte. Por eso su nombre está escrito en la historia, como mártir por Cristo, entre otros alumnos de esta escuela.

Perdonar a nuestros hijos

Mientras tengamos rencor o enojo contra el hijo(a), no podremos orar efectivamente por él. Perdonarle de ninguna manera significa aceptar el pecado. Aun cuando no podamos aceptar su conducta o estilo de vida, es importante que ellos entiendan que sí les amamos con amor incondicional. Los padres que ven el pecado de los hijos sólo en los términos de "cómo el pecado de mi hijo me afecta a mí" son egocéntricos. Muchas chicas no casadas atestiguan de haber abortado, más por temor a sus padres, que por temor a la sociedad.

Pensemos un momento en la parábola del hijo pródigo y veamos algunas lecciones para nosotros en el Siglo XXI. En primer lugar, vemos que el padre no impidió que su hijo se fuera, es decir, él sabía que, en su caso, el hijo tenía que vivir las consecuencias de su rebelión. En segundo lugar, aunque el hijo destrozó su corazón, el padre estaba esperándolo, dispuesto a perdonarle. No obstante, es importante notar que el hijo regresó *arrepentido,* dispuesto ahora a vivir las normas del padre.

Además, había cosas que el hijo jamás podría recuperar: la herencia que había malgastado la había perdido para siempre; ¡el padre no iba a repartir ahora la herencia del hijo mayor y fiel entre los dos! De igual manera, posiblemente tu hijo rebelde vuelva con consecuencias permanentes: un bebé en brazos, una enfermedad incurable, o algo más. Como padres, uno debe hacer todo lo que pueda para ayudarlos en el proceso de restauración, pero a la misma vez, no descuidar a los demás miembros de la familia.

No siempre hay culpables

Pero es injusto siempre tratar de señalar a culpables. Ruth, la esposa del famoso evangelista Billy Graham, también batalló con dos hijos varones que fueron sumamente rebeldes por varios años, prácticamente abandonando la fe de sus padres. Ambos ahora son muy activos en el ministerio, pero por un tiempo trajeron gran dolor.

Ella, en una ocasión, dio la siguiente ilustración: "Hubo un padre que amaba grandemente a su hijo y a su hija. Les dio absolutamente todo. No había nada que les pudiera faltar. Además, tuvieron un padre perfecto, que les derramó todo su amor y nunca estaba demasiado ocupado para ellos. Es más, su mayor placer era pasar tiempo con ellos. Pero a pesar de todo, sus creaciones escogieron pecar contra su padre. ¿Quién era el Padre? Dios. ¡La historia se refiere a Adán y a Eva!

Porque a final de cuentas, cada quien tiene libre albedrío, y escoge cuál camino tomar.

Reclama a tus hijos para el Señor

Ningún padre es perfecto, y uno estaría engañándose a sí mismo si dijera que es perfecto y toda la culpa estriba en los hijos. La realidad es que todos fallamos de alguna manera u otra. Pero algunos hijos se rebelan, otros no.

A la vez, uno sí debe hacer una autoevaluación para ver si existen áreas en las que fue demasiado permisivo o demasiado inflexible, provocando rebelión en el hijo.... y tomar luego medidas para enmendarlo.

No se nos olvide: tanto nuestros hijos como nosotros también, heredamos una naturaleza pecaminosa. De modo que podemos ser los mejores padres del mundo y aun habrá tiempos cuando los hijos tomen malas decisiones. En esos momentos, tenemos que orar, hacer guerra espiritual a favor de ellos y luego confiar en la misericordia de Dios.

El profeta Nehemías dijo al pueblo de Dios: *"...pelead por vuestros hermanos, por vuestros hijos y por vuestras hijas..."* (Neh. 4:14). Seguramente, el profeta estaba hablando de una batalla física, pero el Señor nos diría a nosotras, las madres del siglo XXI: ¡peleen en el mundo espiritual por sus hijos, por su familia! Recuerda: *las armas de nuestra milicia no son carnales, sino poderosas en Dios para la destrucción de fortalezas* (2 Co. 10:4).

Reclama la promesa de Malaquías 4:6, que el Señor *"hará volver el corazón de los padres hacia los hijos, y el corazón de los hijos hacia los padres..."*

Una oracion Sugerida por los hijos

Señor, enséñame a orar efectivamente por mi hijo, y a la vez expresarle amor incondicional. Te doy gracias por el regalo que me has dado en él y te pido que mandes ángeles que lo guarden y lo protejan en todos sus caminos (Sal. 91:11).

Como madre, me someto a Dios y por lo tanto tengo autoridad para resistir la obra del enemigo en la vida de mi familia.

En el nombre del Señor Jesucristo, ato toda fuerza espiritual de maldad que esté influenciando a mi hijo. Esa influencia contra él queda cancelada por el poder de la sangre de Cristo.

Quebranto y cancelo toda maldición hereditaria en el nombre de Jesús. Ato y rompo los espíritus de hechicería, ocultismo, satanismo, los poderes de la música rock, rechazo, suicidio, ira, odio, resentimiento, amargura, orgullo, incredulidad, miedo, perversión sexual, falta de perdón, comportamiento compulsivo, adicción, (agregue cualquier otro espíritu que Dios le revele). Ato esos poderes y declaro que están anulados por completo en la vida de mi hijo.

La ceguera que el enemigo ha puesto en mi hijo debe quitarse, en el nombre de Jesús. El será enseñado por el Señor y se multiplicará su paz (Isa. 54:13). Provee para él, amigos cristianos que puedan influenciarlo.

Sé que tus pensamientos para mi hijo son de paz y bienestar y no de mal, para darle un futuro de esperanza (Jer. 29:11).

Declaro que: "Ciertamente el cautivo será rescatado del valiente, y el botín será arrebatado al tirano; y tu pleito yo lo defenderé, y yo salvaré a tus hijos" (Isa. 49:28). Como dijo Josué: ¡yo y mi casa serviremos al Señor!

4

"DIOS MÍO, ¡CÓMO ODIO A LOS HOMBRES!"

"¡Voy a matar a esa muchacha!' gritó mi papá, hablando de la que había llegado a ser mi amante. Jamás pensé que mi vida llegara a este punto tan bajo," dice Ada Rosa.

"Yo nací y fui criada en Nueva York y aunque mis padres no eran cristianos, trataron de criarme lo mejor que ellos pudieron. Mi papá era tan estricto con mis hermanas y conmigo que ni siquiera podíamos hablar con un joven. Cuando salíamos de la escuela teníamos que ir directamente a la casa, y a los 16 años, empecé a rebelarme y juntarme con muchachos que tomaban y fumaban marihuana, hasta que un día me expulsaron de la escuela.

"Con la esperanza de que cambiara mi vida, mis papás me enviaron a otro estado para estudiar. Para aquel entonces, ya tenía un novio, con el cual tuve relaciones sexuales, pero él me hirió tanto que me rebelé y me amargué contra los hombres. Este fue el principio de una vida de perversión, porque en poco tiempo, conocí a una muchacha que me trataba bien, me mostraba amor, me daba todo lo que yo quería. Ya no me gustaban los hombres y viví con esta mujer por tres años.

"Aunque había dicho a mi hermana que jamás haría las cosas que ella hacía, como ser drogadicta y vender mi cuerpo para conseguir dinero, me encontré en las calles de Nueva York haciendo lo mismo."

La vida de Ada ya no tenía sentido, no había amor en su corazón, solo odio. El diablo le había robado todo lo que vale en la vida. Un día se preguntó: ¿Siempre seré una drogadicta, una prostituta y lesbiana? ¿Qué será de mi vida? ¿Hay esperanza para mí?

Su padre siempre deseaba que ella fuera hombre

Desde que Iliana puede recordar, su padre le hizo saber que había deseado que ella fuera varón. De modo que, creció buscando desesperadamente la aprobación de él, que solo recibía cuando tenía logros en los deportes. Jugaba béisbol y pronto obtuvo la reputación de poco femenina. Al ir creciendo, no quería usar maquillaje, ni joyería, ni vestidos femeninos. En la preparatoria, un muchacho le gustó, pero por su forma masculina, él no se fijó en ella.

Pasaron los años, fue a la universidad y se enamoró de un joven, Tomás. Ella se entregó a él completamente pero durante estas semanas, él estaba viendo a otra muchacha. Así que el amor que había sentido por él, se convirtió en odio.

En esto, conoció otro joven, Ronaldo, y pronto empezaron a tener relaciones sexuales. Pero no pasaron muchas semanas cuando él también se cansó de ella y empezó a buscar otras mujeres.

Para tratar de esconder sus heridas y dolor, se metió al estudio, determinada a competir y ser mejor que cualquier hombre. Antes de tener 30 años, ya era corredora de bolsa e interiormente se gozaba de poder sobrepasar a los hombres en su derredor.

Un día la prima de Iliana le invitó a la iglesia, donde escuchó un mensaje que tocó su corazón y entregó su vida a Jesús. Por ser una mujer muy inteligente y capaz, pronto ganó el respeto del pastor y de otros. Durante este tiempo, conoció a Patricia en la iglesia, una mujer recién divorciada, y por la soledad de las dos, Iliana empezó a visitar a Patricia frecuentemente. No solo esto, comenzó a comprarle muebles y otras necesidades de la casa, y aun pagó la cuenta del abogado. Sin embargo, había un precio por tantos favores. Iliana había encontrado en

Patricia ese alguien que llenaba el vacío que sentía por el rechazo de todo hombre. Y Patricia, por su temperamento flemático, se dejó llevar por la corriente.

En la iglesia, todo mundo pensaba que era una simple amistad, pero lo que no sabían era que sus heridas emocionales no sanadas – de las dos – estaban llevándoles hacia un camino oscuro de perversión. Iliana y Patricia se frecuentaban la una a la otra para recibir la aprobación que no recibían de los hombres y así fue que empezaron a tener relaciones sexuales.

El camino hacia la perversión

Patricia, un día despertó y se dio cuenta que había llegado a ser lesbiana. Muchas veces se había preguntado cómo era posible que algo tan horrible sucediera. Contrario a Iliana, Patricia se sentía culpable, habiendo sido criada en un hogar cristiano. Sin embargo, existían varios ingredientes dañinos en su pasado que la hicieron vulnerable: un padre que la había rechazado, una madre sobre-protectora, desilusiones con hombres y una voluntad pasiva.

Los "avances" de Iliana habían sido disfrazados como generosidad e interés en su bienestar. Ella no había reconocido las "señales de advertencia" en su relación posesiva con su compañera porque necesitaba tanto de su amistad.

Siendo que Iliana continuamente menospreciaba a los hombres, poco a poco Patricia también empezó a desconfiar de los hombres, hasta que se había aislado aun de su pastor, a quien siempre había admirado.

Cuando uno está enojado, es fácil justificar nuestros actos; de modo que el enojo de Iliana y Patricia hacia los hombres paulatinamente quitó la barrera al pecado. *"Seguramente, Dios entiende mis necesidades sexuales; llenar estas necesidades con otra mujer no hace daño a nadie. Tal vez nací así."* De esta forma sus pensamientos empezaron a ser invadidos con respuestas "lógicas" a todos sus argumentos en contra del involucramiento sexual.

A la vez, influencias demoníacas se aprovechan de las heridas emocionales del individuo, llevándole a dondequiera que desee.

Lo que le sucedió a Patricia es un caso clásico de la seducción, el poder engañador que vence a un individuo de carácter débil y le provoca a violar su conciencia a favor de la auto-gratificación. Pronto es demasiado tarde y su voluntad tan débil para resistir. El final de la seducción es pecado contra Dios, contra otros y contra sí mismo.

Ser sanada

El profeta Jeremías declaró: *"Mas yo haré venir sanidad a ti, y sanaré tu heridas, dice Jehová"* (Jer.30:17). Jesús se identificó como el Buen Pastor y dijo que había venido, entre otras cosas, para sanar a los quebrantados de corazón.

Cuando por fin Patricia se quebrantó y confesó a su pastor su terrible pecado, eso fue el primer paso hacia su libertad. Y el primer consejo fue de romper toda relación con Iliana.

Patricia no se había dado cuenta qué tan atada había sido hasta ese momento. Porque romper con ella era como pasar por otro divorcio, pero esta vez sin la compasión de sus amigos, que ni siquiera se daban cuenta de la situación. Ella no trató de confrontar a su compañera, sino que permitió al pastor hacerlo.

Violación sexual provocó temor y desconfianza
de los hombres

Agustina tuvo su primera relación lesbiana cuando apenas tenía 14 años de edad. Una chica de la misma edad le introdujo a una revista pornográfica, y una cosa la llevó a la otra. Por un tiempo encontró felicidad en esta relación, puesto que tenía un pavor a los hombres, ya que a los diez años su abuelo la había violado sexualmente.

Con estas profundas heridas, Agustina fue presa fácil de una "amiga" en la universidad que le sedujo. Solo que esta vez algo había diferente. Aunque la relación duró cuatro años, ella sufrió de culpabilidad todo el tiempo, porque ahora ella había aceptado a Jesús como su Salvador y estaba muy activa en un grupo cristiano. Ella sabía que la Biblia dice que la homosexualidad es pecado.

Para tratar de callar su conciencia, empezó a tomar y llegó a ser alcohólica. Cada día caía más profunda en el abismo de auto-destrucción, aun trató de suicidarse varias veces. Pero el amor de Dios no la soltaba. La llevó a un grupo cristiano de exhomosexuales, con los cuales pudo abrir su corazón y clamar por ayuda sin ser condenada.

Dice Agustina: "A través de este grupo empecé a ver que había estado buscando la aprobación y amor de mi madre, que nunca recibí. Aunque me costó cinco años, por fin pude perdonar a mi madre. Sin embargo, el obstáculo más grande a mi sanidad fue enfrentar el abuso sexual de mi niñez, y como resultado el temor y desconfianza de los hombres. Finalmente, cuando tenía 31 años ¡reconocí por primera vez que no era mi culpa! Por fin pude perdonar a mis ofensores y perdonarme a mí misma. Los amigos allegados y una comunidad cristiana amorosa fueron clave en ayudarme."

La sanidad continuó y al pasar los años, Agustina empezó a disfrutar relaciones sanas con los hombres. Entonces en el año 2002, después de un noviazgo bajo la guianza del Espíritu Santo, se casó con Gerry, un hombre que también había experimentado la sanidad emocional.

Agustina dice: "Gerry es un hombre de Dios, un excelente esposo; sin embargo, nuestro matrimonio no ha sido fácil, porque de vez en cuando todavía lucho con tentaciones del pasado. Pero hablamos francamente y oramos mucho juntos. Dios ha sido fiel y me recuerda cómo me ha librado.

Estoy aferrada a las promesas de I Corintios 6: 9-11: *"...¡No se dejen engañar! Ni los fornicarios...ni los sodomitas, ni los pervertidos sexuales.....heredarán el reino de Dios. Y eso eran algunos de ustedes. Pero ya han sido lavados, ya han sido santificados, ya han sido justificados en el nombre del Señor Jesucristo y el Espíritu de nuestro Dios."*

De lesbiana a conferencista internacional...por el poder de Cristo

Tantas veces Ada Rosa se preguntó: "¿Qué esperanza hay para personas como yo?" No obstante, finalmente, un día algo sucedió que cambiaría su vida. Empezó a buscar a Carlos, un antiguo amigo, porque le habían dicho que él ya era cristiano, que era un fanático, un loco, y ella quería ver por sí misma. Cuando encontró a Carlos, él comenzó a decirle que Cristo podía cambiar su vida si solamente le diera la oportunidad.

"Me reí de él y le dije que estaba loco. El se sonrió y me dijo: '¿Sabes qué, Ada? Cristo te ama, Cristo puede cambiar tu vida.' Esas palabras llegaron profundamente a mi corazón y me impactaron porque yo conocía a este muchacho. El y yo robábamos juntos, nos inyectábamos juntos heroína. Yo sabía cómo era él antes y ahora no era el mismo que yo había conocido. Dentro de mí, dije: 'Yo quiero lo que él tiene' aunque no sabía qué era.

"Decidí ingresar a un programa cristiano para romper el hábito, pero lo más difícil eran las reglas que tenía que respetar porque yo estaba impuesta a hacer lo que a mí me daba la gana. Más que la heroína o lesbianismo, ¡mi problema más grande era la rebelión!

"Pero un día le dije al Señor, 'Si tú verdaderamente eres Dios, me tienes que quitar el deseo por las mujeres, por los hombres, y por las drogas, y hacerte real en mi vida.' No fue un cambio rápido, sino un proceso, pero definitivamente Cristo cambió mi vida."

Ada duró un año en ese programa y allí es donde conoció a Joe, el hombre con el cual posteriormente se casó. Ahora, muchos años después, los dos dirigen casas de rehabilitación en la República Mexicana, él trabajando con hombres y Ada con muchachas. Dios la está usando para rescatar y restaurar otras vidas destruidas, en la ciudad de Guadalajara y otras ciudades. Además, ella está haciendo algo que jamás pensaba hacer: viajar por todas partes, ¡dando conferencias sobre cómo ser una mujer de Dios! ¡Qué maravilloso es el poder en Jesucristo!

El feminismo y la Iglesia

Tal vez preguntes ¿por qué mencionas el lesbianismo como una situación dentro de la Iglesia? Porque, existe un aumento de personas dentro de nuestras congregaciones luchando y practicando el lesbianismo y la homosexualidad. Lo que una vez se consideraba impensable ahora ha llegado a ser tolerado, aun aceptado. Nos urge saber cómo enfrentar estas situaciones en una manera redentora, de modo que las personas involucradas sean sanadas y liberadas.

La forma en que las mujeres expresan su enojo y resentimiento cuando han sido "víctimas" de los hombres, puede variar. A veces ese enojo contra el hombre es tan arraigado y sutil que se disfraza y no se reconoce por lo que es. En el mundo, hay decenas de miles de mujeres tan heridas por los hombres que se han involucrado en el "movimiento feminista", luchando por agendas políticas radicales. Por un lado, tenemos que reconocer que las voces en contra de la discriminación femenil han traído cambios positivos a la sociedad.

Por otro lado, recordemos que para la mujer cristiana, nuestra lucha no es contra carne y sangre, sino contra principados y potestades de las tinieblas. Aun en la Iglesia existe el machismo, pero no ganamos cuando usamos armas carnales para pelear. ¡Jesucristo, no el movimiento feminista, es nuestro Libertador!

Las voces de la sociedad vs. las Escrituras

Hay una batalla feroz en nuestra sociedad sobre el asunto del homosexualismo. Y a la superficie *parece* que aquellos que están en el lado "correcto" están perdiendo la batalla.

Consideremos: un número, siempre creciente, de personas como educadoras, los medios de comunicación, políticos y aun líderes religiosos, se han ligado con el movimiento homosexual.

Los que se expresan en contra de ese estilo de vida son llamados "intolerantes".

Apenas hace año y medio, la Iglesia Episcopal – una denominación que fue fundada sobre las Escrituras - confirmó por primera vez en la historia a un homosexual como su Obispo, o Superintendente general. Otras denominaciones tradicionales están empezando a ordenar en el ministerio a lesbianas y homosexuales, cosa que sus fundadores jamás hubieran aceptado.

Sin embargo, las Escrituras son claras sobre el asunto. Por

ejemplo Levítico 18:22 dice: *"No te echarás con varón como con mujer; es abominación."*

16 pasajes en el Antiguo Testamento y nueve pasajes en el Nuevo Testamento llaman al homosexualismo, pecado.

Identidad sexual

Desde el principio Dios nos creó varón y hembra. ¡Somos seres sexuales – por diseño divino!

Antes de que el color de los ojos sea determinado, antes de que se pueda detectar la raza, aun antes de que el óvulo fertilizado se dividiera por primera vez, su sexo fue establecido. "¡Es una niña!" "¡Es un hombre!" son declaraciones que formarán la identidad del individuo desde que nace hasta que muera.

A la vez, su identidad sexual será influenciada por los padres, la sociedad y la Iglesia. Dios planeó que los bebés tuvieran padres que nutrieran un sentido fuerte de identidad sexual como el fundamento de una autoestima sana. Las cualidades que distinguen a los varones de las mujeres deben ser valoradas de igual forma. Pero siendo que vivimos en un mundo contaminado por el pecado, la identidad sexual distorsionada es una realidad que afecta a muchas personas.

Para la mujer, la madre es el ejemplo de feminidad del cual la hija, o acepta o rechaza su propia identidad. La relación que lleva con su madre probablemente le afectará su identidad sexual.

¿Quién es más susceptible?

¿Por qué algunas mujeres sienten deseo sexual hacia alguien de su propio sexo? ¿Habrá algunos patrones que hacen a la persona más susceptible a este estilo de vida? Creo que sí. En primer lugar, cuando los padres no aceptan el sexo de su hija y con palabras, o con su actitud, insinúan, "ojalá hubiera sido hombre", están preparándola para una confusión de identidad sexual.

También la desilusión romántica de un novio puede provocar odio hacia los hombres en algunas mujeres. Para otras, el hecho de haber sido abusada sexualmente en la niñez, es lo que trae una desviación sexual. En otros casos existe una maldición generacional de perversión sexual que nunca se ha roto. Y aunado a esto, cuando existe un vacío espiritual, es casi imposible que la persona pueda superar las heridas de la vida.

Como dijo Ada, la rebelión en su vida fue su mayor problema. Cuando existe rebelión, sea en contra de los hombres, en contra de los padres, o en contra de Dios, abre la puerta a toda clase de perversión. De modo que, el primer paso para ser libre es humillarse delante del Señor, reconocer su pecado, arrepentirse de él y entregar su vida al señorío de Jesucristo.

Madres espirituales

Con el aumento de la pornografía a través del internet, el problema del abuso de niños y jóvenes ha aumentado también. A la vez, nuestro mundo está saturado con lo "unisex" donde se pretende borrar o minimizar las diferencias entre hombre y mujer. ¡Con razón hay tantos jóvenes luchando con su identidad sexual! Casi no hay familia que no haya sido afectada por el problema.

El engaño más grande de Satanás es: "Tú no puedes cambiar, siempre serás lesbiana. Siempre serás homosexual." La Iglesia debe ser un lugar "seguro", un hospital, donde la gente "enferma" pueda llegar y encontrar sanidad… sin enfrentar juicio. Tú y yo podemos ser madres espirituales, proveyendo abrazos de aceptación y amor, asegurando a esos jóvenes (y personas no tan jóvenes) que en Cristo, sí pueden vencer sus tentaciones y sí pueden cambiar.

Ada Rosa dice: "Si Jesucristo pudo cambiarme a mí, El puede cambiar a cualquier persona, no importando qué tan profundo haya caído en el pecado y perversión. No escuches las voces de los que te dicen que eres un caso imposible. ¡Tú puedes ser transformada!"

Pasos hacia la salida

La afrenta a nuestra sexualidad no solo afecta nuestro cuerpo, sino también nuestra alma y espíritu. Para romper las ataduras, son necesarios algunos pasos:

1. Un encuentro verdadero con Jesucristo.
2. Pedir perdón por rechazar tu identidad de mujer.
3. Renunciar al pecado de lesbianismo.
4. Darle gracias al Señor por tu feminidad.
5. Perdonar a quien te dañó.
6. Renunciar a toda manera de pensar masculina.
7. Rechazar toda perversión sexual.
8. Someter tus pensamientos a Jesucristo cada día.
9. Perdonarte a ti misma.

Una oración sugerida

Señor, reconozco que he pecado contra ti y te pido perdón. Renuncio a mi manera de vivir, a todo pecado sexual. Gracias por perdonarme, yo también perdono a todos aquellos que me han dañado. Perdono a mis padres si de alguna forma - directa o sutilmente - me comunicaron que hubieran deseado que yo fuera un hombre. Perdono a los hombres que me despreciaron, abusaron o maltrataron.

Gracias porque me hiciste mujer, perdóname por el tiempo que rechacé el vivir un rol de mujer y querer ser masculina; acepto mi feminidad y rompo todo lazo de mi alma con las personas que tuve relación lesbiana y ¡declaro que soy libre en el nombre de Jesús, amén!

5

¡EL PADRE DEL NIÑO ES TAMBIÉN SU ABUELO!

"He estado batallando con pensamientos lujuriosos desde que era adolescente," dijo la guapa señora delante de mí. "Caí en fornicación varias veces, a los 22 años me casé, esperando que sería feliz. Sin embargo, no fue así. Por mi frigidez, mi matrimonio fracasó después de pocos años. Pero nunca había relacionado todo eso con el hecho de que un tío me violó cuando tenía cinco años de edad, hasta ahora, cuando usted estaba hablando."

Así se expresó esta mujer que se me acercó después de una conferencia en la Ciudad de México. Por fuera, ella era bella y bien arreglada. Jamás hubiera imaginado el dolor y la tormenta emocional que estaba revolucionando dentro de su alma.

El padre del niño es también su abuelo.

Al hablar con esta guapa señora, me hizo recordar la historia de mi amiga Clarita, una mujer con un increíble testimonio. Cuando ella tenía tres años de edad sus padres se divorciaron y a la edad de apenas cuatro años sufrió abuso sexual por un familiar. Lamentablemente, ¡esto solo fue el principio del sufrimiento para esta niña inocente!

Su padre era un militar, por lo cual era un hombre muy enérgico y autoritario, hasta llegar al abuso. "Por ejemplo", dice Clarita, "yo no podía llorar porque si cualquiera de nosotros llorábamos, él nos metía a un tambo de agua hasta que se acabara el llanto. Tuvieron que pasar muchos años antes de que yo sacara todas aquellas lágrimas que estaban guardadas.

"A los nueve años ya no quería vivir y tuve mi primer intento de suicidio. Siempre había una pistola en casa, así que la busqué, pero aquel día nunca la encontré.

"Las cosas solo empeoraron, porque a los once años de edad, mi padre comenzó a abusar de mí sexualmente y si yo no cedía a lo que él quería, me golpeaba. Como resultado, a los trece años me embaracé y a los catorce años, ya tenía un niño recién nacido en mis brazos. ¡Mi propio papá era el padre!

"Cuando él quizo continuar teniendo relaciones sexuales conmigo, de alguna manera logré escaparme de la casa y huir ¡con un bebé en brazos! ¡Ya no aguantaba más!"

El incesto: una vergüenza oculta

- Al incesto se le ha dado el nombre de "La vergüenza oculta" y es el delito más devastador y menos denunciado. Aunque le daña a la mujer física, mental y emocionalmente, ella se siente tan avergonzada, que no quiere que nadie lo sepa. Según las estadísticas, una de cada tres mujeres habrá sido abusada sexualmente antes de la edad de 18 años y cuando menos uno de cada seis varones. De éstos, el 88% de los abusadores es alguien que la persona conocía personalmente, y en el 28 % de los casos, el abusador es un miembro de la familia, ya sea inmediata o extendida.

- Los niños que son abusados sienten toda una variedad de emociones, incluyendo confusión, traición, temor, desesperanza, vergüenza, culpa, una persona sin valor, tristeza, ira, soledad, enojo, temor de confiar en otros, depresión y más. Por su inocencia, y porque les es imposible concebir que una persona en autoridad pudiera hacerles eso, llegan a creer que fue por su culpa que ocurrió.

Consecuencias en la vida adulta

Cuando llega a la edad adulta, la persona que ha sido abusada tiene gran dificultad de confiar en otros, especialmente si el abusador era alguien de "autoridad" como el padre, abuelo, tío, hermano mayor, maestro o líder espiritual.

Por otro lado, hay las que quedaron tan acostumbradas a ser usadas, con su autoestima tan baja, que no tienen ningún límite en cuanto al trato de otras personas para con ellas. Siguen en la vida adulta sin resistencia, por lo cual frecuentemente siguen siendo objeto de abuso sexual, físico o emocional. Tal parece que "atraen" a esa clase de hombres como marido o novio.

También afecta la manera en que la persona mira a Dios. Para la mayoría de nosotros, nuestra imagen más inmediata de Dios es la de nuestro Padre. Si tuvimos un padre ausente e impersonal, probablemente percibimos a Dios como ausente e impersonal; si tuvimos un padre autoritario, lo más seguro es que de esa manera percibimos a Dios. Así que, una persona que fue abusada por su padre, puede ver a Dios como alguien cruel, traidor y abusador, alguien que solamente la usa como un objeto.

Puede haber otras consecuencias, tales como pesadillas, baja autoestima, desórdenes alimenticios, dificultad para establecer y mantener relaciones interpersonales con otros, depresión, abuso de drogas y alcohol.

He tenido el privilegio de hablar y ministrar literalmente a cientos de mujeres – a través de los congresos – que fueron abusadas de niñas y una de las consecuencias más común es la frigidez. Les ha robado el poder disfrutar del bello don del sexo dentro del matrimonio. Y en algunos casos esta misma situación ha provocado que el marido busque otras mujeres, hasta ha sido la razón por la cual ¡el matrimonio ha llegado al divorcio!

En otros casos, el resultado es la promiscuidad: mujeres que aman a Dios y que quieren vivir en santidad, sin embargo, hay un espíritu de lujuria que las atormenta y no les deja en paz. Ese mismo espíritu lleva a algunas a la adicción de la masturbación.

Pero lo maravilloso es que en Cristo uno puede ser totalmente sanada y las consecuencias borradas. Más adelante, explicamos cómo lograr esa sanidad.

La historia de Clarita tiene un final feliz

Como es típico, Clarita se sentía tan despreciada y sucia, que de los 17 a los 21 años de edad, trató de suicidarse siete veces. Aunque no conocía a Jesucristo como su Salvador, como lo conocería años después, ella está convencida de que fue Dios quien le cuidó vez tras vez.

Aunque ella se había salido de su casa huyendo, con un bebé en brazos, posteriormente se vió obligada a volver y el niño creció como su hermano. Así lo registraron.

Durante todos esos años de desesperación, Clarita siempre clamaba a Dios, y en su misericordia, El se reveló a ella. A la edad de 21 años ella conoció a Guillermo Estrada, quien se enamoró de ella, sabiendo todo su pasado. Un día un familiar les invitó a una reunión cristiana y allí Clarita (y su marido) conoció el plan de salvación y al Padre Celestial en el cual había creído por muchos años.

Clarita cuenta: "Nuestra vida fue transformada por el poder de Dios. El sanó las heridas de mi niñez y juventud, dándome la capacidad de perdonar a mi papá. Y lo que pensé que nunca pudiera suceder: me ha dado un matrimonio maravilloso. Guillermo es un hombre noble que jamás me ha maltratado. Ahora tenemos 30 años de casados, y tenemos tres hijos. Por muchos años servimos al Señor como familia en la congregación de Vino Nuevo en Ciudad Juárez, y actualmente estamos sirviendo en una congregación en Phoenix, donde radicamos.

"Algunas mujeres creen que el enemigo ha traído tanta destrucción, que jamás podrán tener una vida normal, ni un matrimonio feliz. Pero yo soy testigo de que el poder del evangelio de Jesucristo puede restaurar aun la vida más destruida. ¡El Señor es fiel y Su fidelidad es grande!"

"Conocí a mi Padre Celestial en la prisión"

Cuando Elena tenía 13 años, estaba caminando rumbo a su casa y de repente un hombre – quien había escapado de un hospital psiquiátrico – se le acercó en su automóvil y con engaños la hizo subirse. Le contó que su madre le había enviado para recogerla, siendo que su padre había tenido un infarto. Elena dice: "Aunque nunca aceptaba irme en el carro con gente extraña, adoraba a mi padre y estaba demasiado atontada para decir No."

La madre de Elena siempre había trabajado en una fábrica y su padre tenía dos trabajos, de modo que desde pequeña, ella había sido cuidada por terceras personas, algunas no muy confiables. "Desde temprana edad, había sido violada sexualmente, sin embargo, el abuso de mi niñez no se comparaba con lo que sucedió aquella tarde. El paciente mental me abusó sexualmente de manera violenta. Pero aun más doloroso fue lo que pasó después.

"Llegó la policía, me hicieron preguntas, llenaron sus formas...y como a la medianoche llegó mi mamá del trabajo y decidió no hacer nada. Para ella, ¡fue como si no hubiera sucedido! Yo interpreté su silencio y negación como apatía. Y desde ese momento, el dolor escribió un mensaje en mi corazón: tú no vales lo suficiente como para luchar por ti.

"Por dentro cargaba una vergüenza indescriptible, pero peor aun, me sentí sin valor de parte de las personas que más amaba. Sentía que no valía nada.

"Durante los próximos tres días, empecé un patrón de anorexia que duró 20 años. Primero, no comía nada por largos períodos debido a mi sentir de autodesprecio. Entonces por el hambre extrema, comía todo lo que había, luego inducía el vómito. Después de 20 años de estos severos y enfermizos desórdenes alimenticios, Dios me tocó y me libró. Sin embargo, en mi mente luchaba diariamente con las mentiras del diablo de que no valía nada. Las mentiras continuaron hasta que….

"Un día todo cambió, pero de la forma más inesperada."
"Una amiga nos invitó a mi esposo y a mí para acompañarla, junto con otras personas, a ir a una prisión para predicar y ministrar a los internos. Luego me explicó que algunos en esta prisión estaban allí por delitos sexuales y que algunos de ellos, eran pacientes mentales. Cuando escuché esas palabras, la muchacha herida - de 13 años - dentro de mí, surgió con ira y venganza.

"¡De ninguna manera quiero ir a ese lugar! Aunque me mantuve calmada por teléfono, por dentro estaba furiosa. ¡A este tipo de gente los deberían de quemar vivos por sus crímenes! Además, mi amiga me estaba diciendo que tendríamos que pagar más de $1000 dlls. por los boletos, el hotel, comida, etc., pues el viaje era al estado de Alabama. ¡De ninguna manera!

"Después de tres días, le pregunté a mi esposo, '¿Crees que Dios me obligaría a ir a esa prisión?' Mi esposo, muy comprensivo, me aseguró que no tenía que ir. Sin embargo, unas semanas después nos encontrábamos en el avión rumbo a Montgomery, Alabama.

"Al llegar a la prisión y pasar por toda la seguridad, finalmente mi amiga, sin tener la mínima idea de mis luchas internas, anunció: 'Creo que Elena debe ser la primera en compartir con 'los muchachos'.

"Yo estaba temblando, pero no bajo el poder del Espíritu Santo. Cuando abrí mi boca, todo salió. Sin pensarlo, estaba contando a esos hombres de mi dolor, vergüenza, enojo y hasta odio hacia aquellos que cometían delitos sexuales. Les conté cómo había sido violada.

"De repente, un preso joven, alto, empezó a caminar desde atrás de la capilla y se paró frente a mí llorando. 'Soy musulmán', me dijo, 'pero quiero pedirle perdón, y quiero dar mi vida al Señor Jesucristo.'

"Todo el ambiente se transformó con la presencia de Dios, mientras uno tras otro se paraban, confesando sus pecados y pidiendo perdón a Dios. Varios llegaron personalmente conmigo.

"Aquel día conocí a mi Padre Celestial. El mismo había arreglado toda esta situación – más para mí que para ellos. El había ordenado mis pasos llevándome casi 3000 kilómetros desde mi casa en Canadá hasta esta prisión, para sanarme de una herida muy profunda dentro de mí. ¡El me ama tanto! En aquel momento, perdoné de todo corazón a todos aquellos presos y también a aquel que me había violado.

"El perdonar es una opción que abre la puerta a nuestra sanidad."

Elena es parte del equipo de ministros de la Iglesia Cristiana del Aeropuerto, en Toronto, Canadá.

Lo más doloroso no fue el abuso mismo

Tengo una amiga que llamaré "Lisa". A la edad de cinco años, Lisa empezó a ser abusada sexualmente por un líder espiritual, una persona en quien la familia había depositado su confianza, y continuó hasta los diez años. Al darse cuenta sus padres, se mudaron a otra ciudad, para estar lejos de aquella persona.

Sin embargo, dice Lisa: "Aun más doloroso que el abuso mismo fue la reacción de mi madre. Aunque ahora reconozco que fue porque no sabía cómo manejar la situación, lo minimizó, diciéndome que lo olvidara. Pero ¿cómo iba a olvidar algo que había marcado mi vida? Años después conocí a mi 'príncipe azul' en un instituto bíblico, nos casamos y formamos una familia. Por fuera, todo parecía como si fuéramos la pareja ideal, pero por dentro, yo estaba llena de enojo, rencor, inseguridad y confusión. Obviamente, mi matrimonio fue afectado."

Extrema pobreza y el incesto

Conchita creció en un rancho en el estado de Durango en la más extrema pobreza. Era una de 10 hermanos, y no era extraño que se acostara en la noche con hambre. Sencillamente no había qué comer. Ella relata: "Cuando yo tenía seis años, mi hermano de 14 años empezó a abusarme sexualmente. ¡Me sentía tan sucia! En mi mente ya tan confusa, perturbada y hasta pervertida, éste era el único "cariño" que yo recibía. Solo unos meses antes, mi papá, que había sido un hombre cariñoso con nosotros, nos abandonó para rehacer su vida con otra mujer, convirtiendo mi vida junto con la de mis nueve hermanos y mi mamá, en un verdadero infierno.

"A veces, cuando había dinero, mi mamá me mandaba a la panadería a conseguir algo de pan… sólo que antes de conseguirlo, el panadero también se encargaba de manosearme. Pero para mí, eso ya era parte de mi vida".

El abuso sexual duró unos seis años, hasta que este hermano se fue. Su papá de repente se "acordó" de su familia y los mandó traer a vivir a Cd. Juárez. La vida económica mejoró, pero los estragos del abuso habían dejado su huella en Conchita. Ella cuenta:

"Por un tiempo tuve tendencias de lesbianismo, manoseando a otras niñas de la manera que me habían manoseado a mí. Además, yo odiaba a mi papá por todo el daño que me había causado su abandono. Por otro lado, odiaba a todos los hombres y quería herirlos como me habían herido a mí."

Enemistad entre Satanás y la mujer...desde el Edén

Es casi imposible exagerar la importancia del papel de la sexualidad de la mujer o del hombre, porque constituye una fuente importante de su feminidad o su masculinidad. ¡Tu sexualidad afecta cada área de tu vida!

Con razón una de las estrategias principales de Satanás para destruir vidas y familias es herir en el área sexual.

Así que si hubo una experiencia negativa que afectó tu sexualidad, habrá ataduras sexuales y otras consecuencias.

Desde la caída del hombre en el huerto del Edén, ha habido enemistad entre Satanás y la mujer.

"Y pondré enemistad entre ti y la mujer, y entre tu simiente y la simiente suya; ésta te herirá en la cabeza, y tú le herirás en el calcañar" (Gén. 3:15).

¿Y cuál es el área en que una mujer puede ser aniquilada, donde puede ser hecha polvo prácticamente? Sin duda, ¡en su área sexual!

El *Manual de Guerra Espiritual,* escrito por Ed Murphy, explica que cuando las personas quedan sexualmente incapacitadas, todo su ser es dañado y que no hay ningún otro factor, que cause mayor daño a la persona, a excepción del espiritual.

Finalmente Conchita encuentra la victoria

Después de algunos años Conchita se casó con un maestro, no por amor, sino porque, siendo maestro, ella creía que siempre habría comida en la mesa. Pero lo que no supo es que él era muy tomador, gastando gran cantidad de su sueldo en el vicio. "Comencé a entrar en estados depresivos, y estaba perdiendo la razón," cuenta ella. "Mi hogar era un desastre, y comencé a maltratar a mis dos hijos más grandecitos, golpeándolos salvajemente a diario, a veces hasta varias veces.

"Por el odio hacia mí misma, pasaba largos tiempos sin siquiera bañarme. Finalmente, mi marido me llevó con un psiquiatra, quien me diagnosticó esquizofrenia, diciendo que tendría que tomar medicamentos de por vida y probablemente estar internada en un hospital psiquiátrico. Empecé a tomar ¡30 pastillas diarias! que de alguna manera me controlaron, pero con otras consecuencias.

"Una hermana mía, se convirtió a Cristo y empezó a llevar a mis tres hijos a la iglesia. ¡A ellos les encantaba ir! Y, a su manera, me decían que Jesús me amaba, pero, ¿qué podía entender yo del amor? Después me di cuenta que cada domingo, sus maestros apartaban tiempo con ellos para orar por mí.

"Por fin, ante la insistencia de mi hermana, asistí una noche a una célula en un hogar y la gente oró por mí. Algo pasó esa noche, porque durante los próximos días, dejé por completo las pastillas. Jamás volví con el psiquiatra, y el domingo por la mañana, yo estaba lista y bañada cuando llegó mi hermana por los niños – ansiosa de ir también con ellos a la congregación. ¡Ahora, yo estaba desesperada de recibir más del Señor!

"Después de la predicación, cuando hubo la invitación a recibir al Señor Jesucristo, me entró una profunda convicción de pecados; así que me arrepentí y le entregué mi vida a Dios.

"Pero también en ese momento, volvió a mi memoria lo que yo tenía totalmente bloqueado: el abuso sexual que había sufrido de niña. En ese mismo instante, decidí perdonar. A partir de allí, nunca fui la misma. Por supuesto que requirió más enseñanza de la Palabra y más oración. A través de los grupos de mujeres, aprendí a ser la clase de esposa y mamá que Dios quería que fuera. Hasta que un día mi esposo me dijo: '¡Cómo has cambiado!' Al año, él también se convirtió."

Ya han pasado muchos años desde entonces, y Conchita es una mujer que el Señor usa en nuestra congregación para ministrar a otras mujeres. Como Dios le levantó de lo más profundo del abismo, ella tiene la fe para creer que ¡ningún caso es imposible para El! ¡Ella es testimonio vivo de los milagros que Dios puede hacer en la vida de uno, sin importar la gravedad de la situación!

Pasos hacia la sanidad

1. El inicio de la sanidad comienza con una relación personal con Dios. El tiene que ser más que alguien distante del cual solo sabemos datos. Jesús tiene que ser nuestro Salvador personal a través de nuestro "nuevo nacimiento". (Jn. 3: 1-6)

2. Es importante que sueltes toda culpa falsa. Nada justifica que alguien de confianza haya robado tu inocencia. Posiblemente él te hizo pensar así, por lo tanto, ahora te reclames preguntándote ¿por qué me dejé? ¿por qué no lo reporté? ¿qué fue lo que hice para atraerlo hacia mí? Pero acuérdate de que ¡no fue tu culpa!

3. Para ser libre, necesitas perdonar a la persona que te hizo tanto daño. Mientras no lo perdones, tu abusador siempre tendrá poder sobre ti, porque los recuerdos, la amargura y el

coraje controlarán tus emociones y tu manera de vivir. Al perdonarlo, estás extendiendo el regalo del perdón a alguien que **no** lo merece y estás limpiando tu corazón de toda basura, permitiendo que el Señor te dé armas sobrenaturales para vencer. Y lo más maravilloso es que ni siquiera tienes que perdonarlo en tus propias fuerzas, sino en Aquel en quien "todo lo puedes" y quien te ha perdonado a ti.

Posiblemente necesitas perdonar a tu mamá u otra persona por minimizar el suceso.

4. Rompe maldiciones generacionales. Si tú fuiste abusada sexualmente, es posible que hubo pecado sexual en tus antepasados y has venido arrastrando una maldición. Lisa, la mujer que fue abusada a los cinco años de edad por un líder espiritual, no se enteró hasta mucho después que su propia madre había sido abusada. Un patrón de abuso sexual que se repite a través de las generaciones, implica que vienen arrastrando una maldición generacional. Tal fue el caso de Lisa.

Pero su historia tiene un final feliz. Un día – después de sufrir por años – ella ya no pudo guardar más su "secreto". Confrontó la realidad, perdonó no solo al hombre culpable sino también a su madre por haber minimizado el abuso. Y a la vez rompió la maldición para que no pasara a *sus* hijas. Ahora ella es una mujer libre ¡que Dios está usando para liberar a otros!

El Señor quiere que tú experimentes esta misma libertad. Para ayudarte, al final hay una oración y declaración que puedes repetir y si lo haces con fe y con todo tu corazón, será efectiva.

5. Las mujeres que han sido víctimas del abuso sexual necesitan llorar la pérdida de la inocencia en su niñez. El tiempo de lamento no tiene que ser largo, pero es necesario

reconocer la pérdida. También llora por las otras pérdidas, por ejemplo, los años de no disfrutar tu matrimonio, si este es el caso. Las lágrimas son sanadoras. Pero luego, lleva a la cruz todo este dolor y entrégaselo al Señor. La Palabra de Dios dice que la sangre del Cordero limpia aun nuestras conciencias – y esto también se refiere a los recuerdos que están en nuestra mente. Permite al Señor consolarte.

Una palabra de cautela

Hayas sido víctima o no de abuso sexual, es importante que protejas a tus hijas e hijos para que ellos no lo sean. Vivimos en un mundo cruel, lleno de espíritus de lascivia y sensualidad. Toma en cuenta las siguientes medidas:

a. Si eres madre sola (ya sea divorciada, viuda o madre soltera), ten cuidado antes de casarte otra vez. Las estadísticas muestran que una muchacha es ocho veces más propensa a ser abusada sexualmente por un padrastro que por su padre natural. Es más, se ha comprobado que muchos pedófilos (los que abusan a los niños) se casan con mujeres que tienen hijos solo por tener acceso a ellos.

b. El hecho que tú hayas perdonado a quien abusó de ti no significa que él haya cambiado, así que, ¡de ninguna manera expongas a tus hijos a este individuo! No implica romper relaciones con toda la familia si la persona es un abuelo o tío, pero simplemente cuida que tus hijos nunca estén solos con él sin que tú o alguien en quien confías plenamente esté con ellos.

c. ¡Cómo debemos cuidar a nuestros hijos y lo que están viendo, sea por medio de revistas, películas, la televisión o por el Internet! Protege su inocencia para que no tengan problemas sexuales cuando sean adultos. Hemos tenido que ministrar a mujeres (y hombres) que fueron dañados en sus emociones sexuales por tener padres indiscretos al tener intimidad. Los niños vieron o escucharon cosas indebidas para su edad y les afectó grandemente.

Decide seguir adelante con tu vida

No permitas que tu obsesión con el pasado bloquee el propósito que Dios tiene para tu vida hoy. Una vez que has sido sanada del abuso, no voltees atrás. A mí me impacta que varias de las mujeres que Dios está usando poderosamente en los Estados Unidos y aun internacionalmente como conferencistas y autoras, como Joyce Meyer, Beth Moore y otras, todas tienen algo en común: fueron víctimas del abuso sexual de niñas. Lo importante es que no se han quedado como víctimas. Con la ayuda de Dios, han superado su pasado y viven en victoria. ¡Tú también lo puedes hacer!

Una palabra final: Muchas preguntan: "¿Cómo puedo confiar en un Dios que permitió que esto me ocurriera?" No hay respuestas fáciles, pero hay un factor importante que tenemos que reconocer: Dios le dio a todos los seres humanos libre albedrío; además, vivimos un mundo que lleva en sí los estragos del pecado. Dios, por lo general, no interviene sobrenaturalmente para impedir al hombre perverso dañar a otros, a excepción de ciertas situaciones, - por ejemplo, cuando hay una persona que sabe orar por sus hijos y levantar muros de protección. Pero donde Dios *siempre* intervendrá, si solo se lo permitimos, ¡es en ayudarnos a vencer y superar los daños hechos!

A través de estos testimonios, podemos ver que nada en nuestro pasado es demasiado grande para que Dios no lo pueda sanar ni restaurar. En ocasiones es rápido, a veces es un proceso más largo: ¡pero Dios te puede liberar!

Oración surgerida

Señor, yo quiero ser una persona que vive en victoria en todas las áreas de mi vida, y para hacerlo, no debo estar atada a nadie; en este momento decido perdonar y soltar a las personas que me hicieron daño. Rompo todo lazo emocional y espiritual que me ha atado a esas personas, y me declaro libre en el nombre de Jesús. También perdono a los adultos que no estuvieron al pendiente de mí, y que propiciaron que yo fuera abusada.

Me perdono también a mí misma y declaro que soy libre de toda culpabilidad. De la misma manera que Tú me has perdonado todos mis pecados, yo me perdono.

A la vez me arrepiento de todo pecado sexual que yo he cometido y te pido perdón.

Rompo la maldición de perversión sexual sobre mi vida y la de mis hijos. Declaro que ellos jamás serán abusados, jamás serán tocados de una manera indebida, que ellos serán guardados por la sangre de Jesús, que la maldición se corta en este momento en mí y en mi descendencia. Declaro que soy libre, no solo de la maldición, sino también de las consecuencias que el abuso me ha causado.

6

CUANDO EL SEXO DESAPARECE DEL MATRIMONIO

"¿Qué sucede si el sexo de repente desaparece del matrimonio? Hace quince años nos lo sucedió," cuenta una mujer que llamaré Andrea. "A la edad de 51 años mi esposo Bill perdió su habilidad para tener relaciones sexuales. Años de tomar medicamentos para controlar su diabetes tipo 1 y la inhabilidad de controlar el azúcar en su sangre, habían quitado el área de nuestro matrimonio que había refrescado nuestro amor, sin importar las circunstancias. ¡A la edad de 47 años, ya no podía tener sexo con mi esposo!

"Al principio, Bill había mencionado al médico su dificultad en mantener una erección y él había explicado cómo la diabetes afecta el flujo de sangre a todas partes de su cuerpo. Y mencionó algunas opciones que tendríamos: usar cierto aparato, inyecciones o un implante en el pene. Como en aquel entonces, todavía podíamos alcanzar algo de satisfacción sexual, decidimos no experimentar con algo que considerábamos mecánico. Pasaron meses y finalmente llegó la noche cuando Bill fue totalmente incapaz de tener relaciones.

"Después de varios intentos que fracasaron, hablamos de las opciones que el médico había mencionado, aunque los dos expresamos que probablemente estaríamos incómodos con algo así. No habíamos aprendido a comunicarnos honestamente la profunda tristeza que sentíamos sobre la pérdida de algo importante en nuestra vida matrimonial. Pensándolo de nuevo, tal vez habíamos descartado estos tratamientos profesionales demasiado pronto. Si funcionan para otras parejas enfrentando esta situación, ¿por qué nos bloqueamos tan pronto ante la posibilidad de intentarlo?

Me empecé a sentir más como su hermana

"Pronto Bill empezó a evitar todo contacto sensual conmigo porque le hacía recordar nuevamente su sentido de pérdida. Si guardaba su distancia de mí, él pensaba que no tendría que enfrentar su inhabilidad de terminar algo que posiblemente haya iniciado. Pero yo erróneamente interpreté su falta de toque como señal de la pérdida de todo interés sexual en mí. Empecé a sentirme más como su hermana que como su esposa. Así que su estrategia de evitarme le ayudó a él, pero a mí, ¡me provocó un doloroso sentir de rechazo! ¡Me sentía aislada!

"Sin embargo, entre más tiempo hemos vivido con el problema de la impotencia, más reconozco que no estoy sola. Según estadísticas de la Clínica Mayo, más del 50% de los hombres mayores de 50 años con diabetes experimentan algo de problemas de disfunción eréctil (DE). Otras enfermedades que pueden afectar la vida sexual incluye cáncer de la próstata, la depresión, ciertos problemas del corazón, esclerosis múliple, Alzheimer's y Parkinson's. Justo cuando muchas parejas llegan al punto en su relación de lograr un amor profundo, habiendo vencido serios desacuerdos, ya no pueden tener relaciones sexuales."

No respeta ninguna edad

La realidad es que la impotencia no respeta ninguna edad. Los investigadores dicen que más de 30 millones de hombres entre las edades de 40 y 70 años experimentan algún tipo de problema. Aparte de los medicamentos para tratar ciertas enfermedades, que puede ser causado también por razones psicológicas, como el estrés, y también por el alcoholismo.

Mientras Bill enfrentaba su propia lucha, él concluyó que para muchos hombres, su sentir de hombría, aparte de su identidad en Cristo, se deriva de dos fuentes: su habilidad de proveer económicamente y su habilidad de funcionar sexualmente. Ambas áreas proveen satisfacción física y psicológica. El desempleo puede ser tan devastador para el hombre como la impotencia. Le hace sentirse innecesario y un fracaso, aun si su pérdida del trabajo no está basada en su funcionamiento. La impotencia le hace sentirse igual.

Andrea continúa: "Una noche durante los primeros meses de la impotencia de Bill, cuando anhelaba tener intimidad con él, me levanté de la cama y quietamente fui a la sala. Me senté en un sillón que a menudo uso para orar, y lloré por la pérdida de una unión física. Genuinamente dolía por la muerte de una parte vital de nuestro matrimonio y de mi vida como una mujer con deseos sexuales. Pregunté al Señor: '¿Por qué, Dios, invertíste tanto en nuestro matrimonio, enseñándonos del amor, solo para permitir que la expresión de tal amor nos fuera quitado?' No escuché ninguna respuesta del cielo aquella noche, aparte de que el deseo sexual hacia mi esposo disminuía.

Aprendí a contentarme en toda circunstancia

"En muchas ocasiones volví a este sillón después de que Bill se había dormido. Una noche, cuando el deseo emocional y físico para el sexo fue casi abrumador, rogué fervientemente que me diera el don del celibato. Este don se menciona tanto en el Antiguo como en el Nuevo Testamento. El apóstol Pablo lo menciona en I Corintios 7 mientras escribe de las responsabilidades de la vida marital. Declara que su propio celibato es un don de Dios. Ahora entiendo muy bien la necesidad de este don.

"A menudo Dios me ha permitido luchar durante tiempos y situaciones difíciles en mi vida, hasta que le experimente a El como suficiente para suplir todas mis necesidades...entonces El permite a humanos también suplir. Así fue el caso con esta pérdida. Recibí valor y consuelo con Filipenses 4:12,13: *Sé vivir humildemente, y sé tener abundancia; en todo y por todo estoy enseñado, así para estar saciado como para tener hambre, así para tener abundancia como para padecer necesidad. Todo lo puedo en Cristo que me fortalece.*

"Este texto llegó a ser mi cántico en la noche. El contentamiento viene cuando abrazamos la verdad de que con la fuerza sobrenatural de Jesús, lo podemos todo. Pasaron los meses y Bill y yo empezamos a ver un consejero cristiano quien nos ayudó a mantener nuestra relación satisfactoria. Su mayor ayuda fue ayudarnos a comunicarnos más específicamente de nuestras necesidades emocionales.

"Mientras llegamos a ser más abiertos en cuanto a nuestra situación, decidimos considerar de nuevo opciones médicas que habíamos rechazado. Un médico sugirió que probáramos la droga que era nueva en aquel entonces, Viagra. Según la compañía Pfizer, la manufactura, más de 16 millones de hombres mundialmente han usado Viagra, y ahora existen otros medicamentos parecidos. No habíamos tenido relaciones sexuales por ocho años, así que nos sonreímos a la posibilidad que esta 'píldora maravillosa', fuertemente anunciada, tal vez nos permitiría volver a la pasión que habíamos conocido antes.

"Sin embargo, antes de probarlo, Bill sufrió un ataque masivo de corazón, y mientras el Viagra funciona para algunos, no es recomendable para todos, incluyendo los hombres con serios problemas cardiacos. Las otras opciones también tenían ciertos riesgos, tomando en cuenta los problemas de salud de mi esposo. Pero no fue una gran desilusión, puesto que Dios ya nos había traído a cada uno a un lugar de paz interior y contentamiento.

"Mientras él y yo confiamos en Dios para ayudarnos a encontrar una relación matrimonial satisfecha sin el sexo, los deseos físicos disminuyeron. No puedo identificar el día ni la hora, pero sabía que la lucha se había terminado. Ahora cuando veo a mi marido durante un momento tierno, el despertar del deseo sexual no es un problema. Simplemente, tengo un caluroso sentir de gratitud que él sea mi esposo. Su infarto, que fue casi fatal, llevó nuestro amor del uno para con el otro, a un nivel más profundo. Yo vi la profundidad de su pasión por mí reflejado en sus ojos mientras agarró mi mano al entrar en la ambulancia. ¡Me siento tan amada!"

Tres elementos que traen satisfacción

Andrea dice que han descubierto algunos elementos vitales de un matrimonio satisfecho que trasciende el acto mismo del sexo:

El tocar. Los toques afectuosos son una marca de una relación matrimonial sexual y no sexual. Ella cuenta: "Eventualmente, compartí con mi esposo mi necesidad de sentirme como esposa y no su hermana. Entonces él llegó a ser más generoso con los abrazos. Por supuesto, los abrazos largos y tiernos no toman el lugar del acto sexual, pero ayudaron tremendamente en restaurar mi sentir de feminidad y ser atractiva para él. Ya cada vez que uno de nosotros llega a la casa, el otro se levanta y le recibe con abrazos y besos tiernos.

"El besar. Fácilmente recuerdo los besos de despedida durante los días de nuestro noviazgo. La luna marcaba nuestra sombra en las escaleras de mi casa...hasta que mi padre prendía y apagaba varias veces las luces del porche como advertencia de que ya era tiempo que yo entrara en casa. Muchas esposas me han confiado a través de los años cómo extrañan los besos y caricias tiernas de sus maridos, que demasiadas veces el acto matrimonial toma el lugar de estas caricias tan importantes. Gracias a Dios, otra vez estamos experimentando estos besos de antes. Obviamente, no son tan satisfactorios como el siguiente paso en expresar nuestro amor, pero hemos aprendido a contentarnos.

"El hablar. Este elemento es esencial para tener intimidad en el matrimonio. 'Ojalá que platicara conmigo' es una frase que es una queja demasiada típica. La impotencia puede cerrar dolorosamente la intimidad, tanto verbal como física, o – con la ayuda de Dios – puede abrir áreas de comunicación que anteriormente fueron enterradas en el afán de la vida, incluyendo el sexo.

"Hasta el día de hoy, de vez en cuando, Bill confiesa que él siente que me ha defraudado como esposo, no solo por la impotencia, sino también porque ahora no puede trabajar tiempo completo, debido a la condición de su corazón. Pero recuerdo en los primeros años de nuestro matrimonio, cuánto necesitaba yo que él reafirmara mi feminidad, y lo hizo, así que creo que ahora me toca a mí reafirmarlo a él.

"Contrario a las opiniones sobre la sexualidad de la sociedad contemporánea, el amor matrimonial todavía puede ser íntimo y satisfactorio aparte del acto mismo. Confieso que todavía hay tiempos cuando lamento la falta de expresión física del amor...un gozo que se nos negó relativamente temprano en la vida. Sin embargo, la diabetes y un corazón enfermo no pueden robarnos a Bill y a mí la intimidad verdadera, a menos que lo permitamos. ¡Hay vida después del sexo! Por la gracia de Dios, nuestro amor continuará satisfaciéndonos con un gozo profundo y quieto."

Un consejero matrimonial profesional agrega:

Las caricias íntimas. Aunque el acto sexual no se pueda llevar hasta su final, como marido y mujer siguen siendo una sola carne y no hay nada de malo de disfrutar de las caricias íntimas que antes hacían como un preámbulo al acto mismo. Esto dará algo de satisfacción, aunque no total, pero sobre todo, les ayudará a mantener cierta intimidad sexual que será sana.

Proverbios 5:19 dice: *Como cierva amada y graciosa gacela, sus caricias te satisfagan en todo tiempo y en su amor recréate siempre.* Pongamos atención a las palabras "en todo tiempo".

En la historia, Bill resistió tener contacto sensual con su esposa porque "no quería enfrentar su inhabilidad de terminar algo que había empezado." Entonces requerirá de mucha sabiduría por parte de la esposa y un acuerdo mutuo que ni siquiera intentará llevar el acto a su fin, para evitarse frustraciones.

Cuando las cosas solo empeoran

En el caso de Bill y Andrea, dentro de lo difícil, había buena comunicación entre ambos, y un genuino amor que les sostuvo. Pero para muchas mujeres, la situación de la impotencia ha provocado frustración y enojo.

Elvia fue una de estas mujeres. Su esposo quedó impotente cuando todavía eran un matrimonio muy joven y ella, por supuesto, se imaginaba felicidad sexual muchos años por delante. Cuando él dejó de tener relaciones sexuales, Elvia no sólo se sentía muy aislada y frustrada, sino también enojada porque creyó que él mismo tenía gran parte de la culpa.

Ella cuenta: "El padecía de un diabetes muy agresivo, pero no sin remedio, solo era cuestión de inyectarse insulina regularmente y cuidar la dieta… pero él no cumplía con todas las indicaciones del médico. ¡Tantas veces le supliqué que se cuidara! Así que a mi manera de entender, su propia negligencia lo había llevado a este estado. Y luego, algo que me era difícil de entender era que él se sentía ¡la única víctima! Continuamente me reclamaba diciéndome que yo no lo comprendía, haciéndose él, el 'bueno y pobrecito' y yo 'la sana y la mala'. Esto trajo mucho resentimiento y dolor a mi corazón y a mi matrimonio."

En ese tiempo, ninguno de los dos eran cristianos, y las cosas se tornaron todavía peor. Ella cuenta: "El comenzó a ignorarme en todo sentido en el aspecto afectivo e íntimo y fue a buscar alivio sexual de maneras pervertidas en los prostíbulos. Este ambiente tan degenerado lo cambió de otras maneras, también. Aunque seguimos compartiendo la misma cama, éramos como dos extraños".

Algunos años después, Elvia se convirtió y aprendió a orar por su matrimonio. Tristemente, su esposo se murió a una edad joven, en circunstancias trágicas. Pero lo bueno de esta historia es que Elvia, antes de su muerte, pudo perdonarlo y seguirlo atendiendo dentro de las medidas posibles, aunque nunca volvieron a tener una vida marital. Y precisamente porque su corazón había sido libre del rencor, ella ha tenido una vida plena, sirviendo al Señor.

La falta de vida sexual por otros motivos

¿Qué de cuando la falta de vida sexual no es por impotencia, sino porque el marido simplemente "ya no quiere"? Esto todavía es más doloroso, porque implica un rechazo abierto a la mujer como esposa.

Relata Maribel: "Nunca me imaginé que esto me iba a ocurrir a mí. Pero así fue, Jorge simplemente se fue haciendo cada día más y más distante hasta que ya no quiso nada. Por espacio de un año, yo repetidas veces tomé la iniciativa, aun haciendo cosas que yo ahora sé que no estaban bien, pero llegaron a ser tiempos en que no había una armonía de amor entre nosotros, sino que él solo estaba 'cumpliendo' o buscaba su propia satisfacción, y yo terminaba más frustrada. Las pocas veces que me animé a tratar el tema, él no quería hablar o me hería con sus palabras. Así que cuando yo dejé de 'buscarlo' se anuló este aspecto de nuestro matrimonio, salvo unas muy escasas excepciones en el transcurso de los siguientes años."

¿Es necesariamente la culpa de la mujer?

Por algún motivo, la primera pregunta que la mujer se hace cuando hay falta de interés sexual por parte del marido, es ¿qué he hecho o no he hecho para causar que él sea así? Y la esposa sí tiene que estar dispuesta a hacerse un inventario personal. Haciéndose preguntas tales como:

"En nuestra relación diaria, ¿soy la esposa amorosa, o soy su principal competidora, una mujer que siempre le corrige y le critica?" Salomón nos habla de cómo percibe un hombre a una esposa "rencillosa": *"Mejor es estar en un rincón del terrado, que con mujer rencillosa en casa espaciosa.* (Prov. 25:24) y de hecho, esto es muy efectivo para quitar la pasión amorosa. Una consejera cristiana comentó: "Después de aconsejar a las mujeres en este aspecto, me dí cuenta que muchas de ellas eran mujeres tan

dominantes que procuraban controlar a sus maridos; el hombre, a consecuencia, simplemente perdía el deseo o con sus actitudes estaba diciéndole a ella: ¡En esto, tú no vas a tener la última palabra!"

"Anteriormente, ¿le he puesto tantos 'peros', que yo misma anulé este aspecto de nuestro matrimonio?" Seguramente que hay ciertas etapas difíciles que provocan tanto cansancio que el deseo sexual disminuye, pero si una esposa tuvo el clásico "dolor de cabeza" demasiadas veces, puede ser que ella misma haya convencido al marido que ella ya no tiene interés en él de manera permanente. ¡Este, también, es un peligro del chantaje sexual!

Sin embargo, ¡la culpa no es siempre de la mujer!

Aunque a veces, ambos contribuyen al problema, en muchas ocasiones, es el hombre que decide ya no tener relaciones. Los motivos incluyen:

1. Adulterio o interés en otra persona
2. Adicción sexual, como masturbación, pornografía o un pasado sexual pervertido que provoca que las relaciones normales ya no le satisfagan.
3. El descubrir que tiene una enfermedad sexualmente transmitida por una relación con otra persona y el no querer confesárselo a la esposa.
4. Haber padecido de abuso sexual u otras heridas.
5. La depresión que lleva a una pérdida de interés en la vida en general.
6. Sufrir tanto estrés, sea por el trabajo u otra cosa, que provoque problemas en la vida sexual.
7. Rencor, sea o no justificado.
8. Es solo un síntoma más de un matrimonio con otros graves problemas.

Esta es solo una lista corta, pero puede haber otros factores.

¿Qué hacer?

No hay soluciones fáciles. Para comenzar, la esposa debe tomar todas las medidas personales que están dentro de su capacidad para corregir. Si hay buena comunicación entre ambos, anima a tu marido a que busque ayuda, ya sea con un médico si son problemas físicos o con un consejero cristiano profesional si el problema es de otra índole.

Sin embargo, muchos hombres no quieren ni conversar sobre el asunto, ni tomar medidas para resolverlo. Si la falta de vida sexual es sólo un síntoma de un matrimonio con otros graves problemas, tú debes buscar ayuda por tu propia cuenta para tratar de salvar tu matrimonio. Obviamente, la guerra espiritual debe ser parte de esta búsqueda. A la vez, hay que recordar que a final de cuentas, cada uno tiene libre albedrío.

Si no hay una solución, pide a Dios la gracia para sobrellevar la situación. Al igual que Andrea, con quien empezamos este capítulo, y muchas otras mujeres, incluyendo las divorciadas y viudas, puedes pedir que el Señor "duerma" el aspecto sexual en ti.

Tú puedes tener una vida realizada y feliz si encuentras tu propósito en Dios. Tanto el sexo, como un matrimonio maravilloso, son regalos de Dios, sin embargo, ¡ni estas cosas, ni nada en el mundo, se compara con el gozo verdadero de conocer y caminar diariamente con el Señor Jesucristo!

Oración Sugerida
(Orar lo que se aplique a la situación)

Señor, te doy gracias por mi esposo y en tu nombre lo bendigo. Nuestro amor trasciende barreras, sea la falta de la vida marital, u otras barreras.

Si de alguna forma mi esposo tiene la culpa por la falta de relaciones sexuales en nuestro matrimonio, como el descuido de su salud, o adicción a la pornografía, (menciona el motivo) le perdono en el nombre de Jesús.

No permitiré que el rencor ni la amargura destruyan mi vida. Confío en ti para que mis deseos sexuales disminuyan.

Si de alguna manera yo he tenido parte en destruir su pasión sexual por mí, te pido perdón y pido que me ayudes a cambiar para que el respeto mutuo y el deseo sexual entre nosotros sea restaurado.

Gracias, Señor, porque mi vida tiene propósito en Ti y viviré agradecida por el privilegio de conocerte. Con o sin un matrimonio ideal, ¡tu presencia llena mi vida!

Palabras Finales

Es fácil alabar a Dios cuando todo nos va bien, pero cuando sentimos que Dios ha escondido su rostro de nosotros o cuando hay silencio en el cielo ¿qué hacemos? Varios hombres en la Biblia experimentaron lo mismo, entre ellos David y Job. David, en muchos de los Salmos, se queja de que siente como si Dios le hubiera abandonado.

Sabemos la historia de Job y cuánto sufrió como pocas personas. Y lo peor de todo es que a lo largo de 37 capítulos Dios no le habló. ¿A ti te ha sucedido que sientes que Dios está guardando silencio? ¿Qué hizo Job? Job 1: 20 dice: *"Entonces Job se levantó...se postró en tierra y adoró."* ¡Aun cuando no entendió, adoró! Y el versículo que más me encanta en todo el libro de Job dice: *"He aquí, aunque él me matare, en él esperaré."* (13:15)

Lee Ezell es una mujer que fue violada en su juventud y como consecuencia, dio a luz una niña. En su libro, *Encontrando a Dios cuando la Vida es Injusta,* ella cuenta: Hace poco me estaban entrevistando en un programa secular de radio, con mi hija (el resultado hermoso de la violación) sentada a mi lado. Cuando terminé mi historia, el locutor comentó: 'Qué hermoso relato. Entonces ¿fue Dios quien envió a este hombre para violarle y que pudiera tener una hija?'

"Tragué saliva y medio tartamudeando dije: 'No, yo no creo que el Dios de la Biblia provoca maldad, pero sí creo que El es el único que puede traer algo bueno de la maldad.'"

Ese locutor estaba tocando un tema que ha inquietado a los cristianos por siglos. El dilema de ¿quién provoca qué? ¿Cuánto tiene Dios predestinado a suceder y cuánto solo lo permite? Yo no creo que Dios provoca desastres como el desplomo de un avión en donde cientos de personas mueren trágicamente. Ni que El está de acuerdo con los narcotraficantes que inducen a millones de jóvenes hacia la drogadicción.

Pensemos en el hombre nacido ciego en Juan capítulo 9. Los discípulos de Jesús le preguntaron: ¿Quién pecó? ¿Este hombre o sus padres? Y el Señor contestó: Ni él, ni sus padres, sino para que las obras de Dios se manifiesten en él.

Este ciego – como muchos de nosotros – no había hecho nada para merecer su situación difícil. Nadie había pecado, nadie tenía la culpa. ¿Dios te está castigando con la aflicción por la cual estás pasando? ¡No! Sin embargo, el Señor quiere que esta experiencia sirva para que te acerques a El, para que le conozcas mejor. Entrégale tus dudas y tus temores. Vive en la confianza de que El puede obrar todo para tu bien.

Las historias de mujeres que acabas de leer, encontraron en Dios las maneras de vencer obstáculos terribles en sus vidas y salieron adelante. ¡Tú también puedes!

Es mi oración que, en medio de las tormentas de la vida, encuentres paz y victoria.

Libros Adicionales

¡Auxilio! Me Pidió El Divorcio

Este libro contiene muchos testimonios de mujeres que, por varias circunstancias, escucharon las palabras "Quiero el divorcio" y cómo enfrentaron el caos que resultó. Serás inspirada al leer sus historias de victoria y sabrás que ¡tú también puedes superar este inesperado golpe de la vida!

De Repente ¡Me Quedé Sola!

Una de las experiencias más traumáticas en la vida de la mujer es la muerte del esposo. ¿Cómo superar la muerte del compañero de tu vida? En este libro encontrarás sabios consejos en cuanto a la soledad, tentación sexual, amistades, luchas económicas, desilusión con Dios y mucho más. Es excelente, tanto para la viuda, como para las personas que desean consolarla.

-CONSIGA ESTOS Y OTROS MATERIALES QUE LE AYUDARÁN EN SU **FAMILIA**-

Libros Adicionales

Cuando Una Mujer Ora Por Sus Hijos

No toda madre puede proveer lo mejor para sus hijos en cuanto a sus necesidades materiales, sociales y educativas. Pero cada madre puede aprender a orar eficazmente por ellos. ¡Este libro le inspirará a ser esta clase de mujer!

10 Errores Que Cometen Los Padres De Niños

Este libro te mostrará no sólo algunos errores que cometen los padres, sino lo que es más importante, cómo corregirlos y así criar hijos que lleguen a ser adultos maduros.

-CONSIGA ESTOS Y OTROS MATERIALES QUE LE AYUDARÁN EN SU **FAMILIA**-

LIBROS

ORACION
- Orando para Lograr Resultados
- El Secreto para Cambiar su Familia
- Cuando una Mujer Ora por sus Hijos
- Poseyendo la Tierra
- Cuando la Mujer Ora
- Intercesión: La Bomba Nuclear de Dios

PARA JOVENES
- El Joven y su Sexualidad
- ¡Sexo, Vale la Pena Esperar!
- Novela Crystal
- Sabiduría para encontrar tu pareja y dirigir tu noviazgo

UNA VIDA RADICAL
Biografía de Víctor y Gloria Richards

PARA HOMBRES
- ¡Este Hombre sí Supo!
- El hombre, hijo, esposo, padre y amigo
- Ni macho ni ratón, sino verdadero varón
- Hombro con Hombro
- De Padre a Padre
- Faldas, Finanza y Fama
- Dios, el Dinero y tú
- 5 Prácticas de las personas que triunfan
- Una actitud que abre puertas
- Hombres en Llamas

*Serie "Saliendo de la Cueva"
- #1 Venciendo la Aflicción y la Depresión
- #2 Venciendo la Carga de las Deudas
- #3 Venciendo la Amargura y el Dolor

*Nuevo Material

OTROS MATERIALES

VIDEO-LECCIONES
(Incluye manual) VHS y DVD
- Apocalipsis y el nuevo milenio
- La Nueva Era del Ocultismo
- El Verdadero Sexo Seguro (No manual)
- *Desenmascarando a Da Vinci

VIDEOS Y DVD PARA MATRIMONIOS
- Disfrutando las diferencias
- 10 Mandamientos para el Matrimonio
- 10 Mandamientos para la Familia
- *Matrimonio Maravilloso en el Espíritu

AUDIO CASETES DE MUSICA
(Para niños)
- Cantando la Palabra
- Venciendo el Miedo-*Vaquero Vázquez*
- El Baño de Lucas (CD y Cass.)
- El Gran Engaño
- La Tía Ruperta (CD y Cass.)

MENSAJES
- ¿Qué sucede después de la Muerte? (2 DVD's /2 CD)
- La Bendición de Vivir Bajo Autoridad (4 cass./4 DVD's/2 VHS))
- La Verdadera Aventura (4 CD's y 4 cass.)
- Conectando con mis hijos (2 cass./2 CD's)
- Liderazgo en tiempo de Crisis (4 CD's / 4 Cass)

AUDIO CASETES Y CD's DE MUSICA
- Se escucha la lluvia
- Unidos por la Cruz
- Hombres Valientes
- Clamemos a Jesús
- Generación sin Frontera
- Ven y llena esta Casa
- Esclavo por amor

PARA PEDIDOS VER CONTRAPORTADA   REV. AA